चिरस्मरणीय

महान व्यक्तित्व

भाग

12

चिल्ड्रन्स बुक ट्रस्ट, नई दिल्ली

MAHAN VYAKTITWA BHAG-12

चित्रांकन : सौरभ पाण्डेय

अनुवाद एवं संपादन : सुभद्रा मालवी

पुनर्मुद्रण 2010, 2011, 2013, 2017, 2019, 2023.

ISBN 978-81-89750-58-9

चिल्ड्रन्स बुक ट्रस्ट, नेहरू हाउस, 4 बहादुरशाह ज़फर मार्ग, नई दिल्ली-110002
द्वारा प्रकाशित एवं न्यास के इंद्रप्रस्थ प्रेस में मुद्रित। दूरभाष : 23316970-74
ई-मेल : cbtnd@cbtnd.com वेबसाइट : www.childrensbooktrust.com
www.childrensbooktrust.org

नारायण गुरु

इंदिरा अनंतकृष्णन

"सभी मनुष्य एक ही प्रजाति के हैं। मनुष्य-मनुष्य के बीच प्रतिष्ठा का अंतर है किंतु इसकी जाति में अंतर नहीं हो सकता। कुछ लोग धनवान, शिक्षित और ज्यादा पवित्र हो सकते हैं जबकि दूसरों में इन बातों की कमी हो सकती है। त्वचा का रंग भी अलग-अलग हो सकता है। ये और इनके जैसी अन्य बातों के अलावा मनुष्य-मनुष्य में कोई फर्क नहीं है...जिनमें शिक्षा प्रमुख है। एक बार यह मिल जाए तो धन, पवित्रता आदि अपने आप आ जाएंगे। यह कहना गलत होगा कि आपके पास धन-संपत्ति नहीं है। आप स्वयं धन-संपत्ति हैं..."

नारायण गुरु

नारायण गुरु

जातिग्रस्त समाज

'देव-भूमि' कहा जानेवाला राज्य केरल प्राकृतिक रूप से अत्यंत सुंदर है। इसके एक ओर पश्चिमी घाट की पर्वत श्रृंखलाएं हैं तो दूसरी ओर अरब सागर है। यह हरेभरे खेतों और जलस्रोतों से संपन्न है। यहां के लोग पढ़े-लिखे, बहुधर्मी और बहुजातीय समाज में रहते हैं। ये लोग संकीर्ण विचारों और अंधविश्वासों से मुक्त हैं। अधिकतर नारायण गुरु और उनके अनुयायियों के प्रयासों के कारण ही ऐसा हो पाया है। हम उन्हें उच्च आदर्शोंवाले सामाजिक-धार्मिक दार्शनिक, एक आध्यात्मिक सुधारक जिसने दलितों का उत्थान किया, या एक गुरु कह सकते हैं—और वह हैं ही इस मान-सम्मान के योग्य। उन्होंने समाज को निम्नलिखित तत्व-ज्ञान से उत्प्रेरित और अनुप्राणित किया—

"मनुष्य के लिए एक जाति, एक धर्म और एक ही ईश्वर है।
जाति न तो पूछो, न बताओ, न ही सोचो।
उसका जो भी धर्म हो, स्वयं मनुष्य को ही उसे सुधारने दो।"

अस्पृश्यता, निरक्षरता एवं आर्थिक अभाव अगर केरल में अतीत की

धारणाएं हो गई हैं, तो नारायण गुरु की प्रेरणा और प्रोत्साहन ही वह प्रेरक शक्ति थी जिसने इस परिवर्तन को लाने के लिए पहल की।

उन्नीसवीं सदी के केरल में सवर्णों और अवर्णों के बीच भारी भेद था। अवर्णों को ईजवों, पुलयों और परयों में वर्गीकृत किया गया था। जाति के नियम भयंकर थे। 'अछूत' होने के कारण अवर्णों के लिए सामुदायिक विकास की जरा भी गुंजाइश नहीं थी। वे दलित ही रहे। इसके अतिरिक्त अवर्ण अपनी जाति के कानूनों से बंधे थे जो ईजवों को अन्य दोनों जातियों से श्रेष्ठ बनाते थे।

सामाजिक व्यवहार के सारे नियमों को मानदंड की तरह स्वीकार कर लिया गया था। अपने अस्तित्व के लिए अवर्ण अपने भाग्य को ही दोष देते थे और इसीलिए जाति के नियमों द्वारा किए गए अपने अपमान को उन्होंने नियति मानकर स्वीकार कर लिया था। उन्हें नियमों को अस्वीकार करने या उन्हें चुनौती देने का कोई कारण नजर नहीं आता था। जातिवाद के इसी माहौल में केरल के तिरुवनंतपुरम के समीप चेंपझांति गांव में अगस्त 1856 में मदन आशान और कुट्टियम्मा के यहां एक पुत्र का जन्म हुआ। मदन आशान ईजव जाति के थे। उनके पास थोड़ी जमीन थी और वे गांव के स्कूल में शिक्षक थे। कुट्टियम्मा धार्मिक और दयालु महिला थीं। बच्चे का नाम नारायण रखा गया और सब उन्हें प्यार से नानू कहने लगे। नानू शांत स्वभाव के थे और अन्य समवयस्क बच्चों की अपेक्षा अधिक संवेदनशील थे।

एक बार गांव में एक जटाधारी संन्यासी आए जो भूखे थे। गांव के बच्चे उन्हें पागल कहकर चिढ़ाने लगे। कुछ देर तक तो नानू चुपचाप उन्हें देखते रहे। फिर अचानक वह रोने लगे। उन्होंने संन्यासी से कहा, "मुझे आपके लिए दुख हो रहा है। मेरे दोस्त आपकी खिल्ली उड़ा रहे हैं, इसके लिए मैं आपसे क्षमा मांगता हूं।"

संन्यासी ने उन्हें गले लगा लिया और उन्हें कुट्टियम्मा के पास ले

गए। "अम्मा," उन्होंने कहा, "ईश्वर की कृपा से आपको बहुत अच्छा पुत्र मिला है। उसका अच्छी तरह से पालन-पोषण करो। वह एक दिन महान व्यक्ति बनेगा।" कुट्टियम्मा की आंखों से आनंदाश्रु झरने लगे।

नानू हालांकि बहुत बातूनी और नटखट नहीं थे लेकिन वह असामान्य तरीके से परेशानी खड़ी कर देते थे। त्यौहारों के समय उन्हें अपनी मां को परेशान करना अच्छा लगता था। भगवान के प्रसाद के लिए सावधानी से बनाई गई मिठाइयां भोग लगाने से पहले ही गायब हो जाती थीं।

नानू स्वीकार कर लेते कि मिठाइयां उन्होंने ही खाई हैं और हँसकर कहते, "मिठाइयां तो खाने के लिए ही होती हैं न? तो क्या हुआ जो मैंने पहले खा लीं। बच्चों को मिठाई खाते देखना भगवान को अच्छा लगता है।" नानू के इस प्रकार के कथन में कुट्टियमा तर्कवाद की पहली झलक नहीं देख पातीं।

शिक्षा

नन्हे नानू को जाति के नियमों की अवहेलना करने में मजा आता था। वह खेतों में काम कर रहे निम्न जाति के लोगों में घुलमिल जाते और बाद में मजे से घर के बड़ों को अपने 'अपवित्र' हाथों से छू लेने का डर दिखाते रहते।

एक बार वह एक पुलय की झोपड़ी के पास से जा रहे थे। उन्होंने देखा कि चूल्हे पर चावल पक रहा है। झोंपड़ी में कोई नहीं था। चावल का मांड़ उफनकर नीचे गिरने ही वाला था, और अगर ऐसा हो जाता तो इस गरीब परिवार को उस दिन भूखा ही रहना पड़ता। उन्होंने दौड़कर चूल्हे से चावल का बरतन उतार दिया और मांड़

को गिरने से बचा लिया। उसी समय गृहिणी झोपड़ी में घुसी। वह नानू को वहां देखकर घबरा गई। नानू ने एक पुलय की झोंपड़ी में प्रवेश करके जाति के नियमविरुद्ध काम किया था। वह स्त्री डर से कांपने लगी। धड़कते दिल से वह मदन आशान के घर गई और जो कुछ हुआ वह नानू की मां को बताकर क्षमा मांगने लगी। कुट्टियम्मा को नानू पर गुस्सा आया। लेकिन नानू इससे जरा भी घबराए नहीं।

"दूसरों की मदद करने में बुराई क्या है?" उन्होंने कहा और जवाब का इंतजार किए बिना वहां से भाग गए। उनकी मां अपने पुत्र की अतिसंवेदनशीलता को नहीं समझ पाईं और न ही परिवार के लोग।

एक दिन सुबह नानू घर में नहीं थे। आसपास भी कहीं नजर नहीं आ रहे थे। यह घर में किसी रिश्तेदार की मृत्यु के अगले दिन की बात थी। घर में तरह-तरह के पकवान बन रहे थे और परिवार के लोग दोपहर का भोजन करने की तैयारी में थे, लेकिन नानू का कोई अता-पता नहीं था। सब लोग चिंतित थे और चारों ओर उन्हें खोजते फिर रहे थे।

उन्हें नानू घर से काफी दूर एक पेड़ के नीचे बैठे मिले। वह निश्चल आंखें मूंदे बैठे थे। वहां बैठे वह घर में जो कुछ हो रहा था उसके बारे में सोच रहे थे। कल ही की तो बात है, जब परिवार के सदस्य की मृत्यु पर सब रो रहे थे। और आज अंत्येष्टी के बाद इतनी जल्दी सब दावत उड़ा रहे हैं। क्यों? उन्होंने स्वयं से पूछा। उन्होंने तो सोचा था कि लोग अब सदा दुख मनाते रहेंगे।

जीवन क्या है? मृत्यु क्या है? सुख और दुख कैसे आते हैं? और एक मनोभाव दूसरे मनोभाव की जगह कैसे ले लेता है? नानू को अपने मन में उमड़ते प्रश्नों का उत्तर तो नहीं मिला, किंतु वर्तमान आचार, नियमों और कर्मकांडों को लेकर सोच-विचार और शंका का बीज नन्हे नानू के मन में जम गया था। पांच वर्ष की आयु में औपचारिक रूप

से विधिवत् विद्यारंभ हो जाने पर नानू गांव के प्राइमरी स्कूल में जाने लगे। स्कूल से लौटकर वह गायें चराने ले जाते। वह पेड़ पर चढ़कर बैठ जाते और गायों की देखरेख करते रहते। उनका मन छोटी-छोटी कविताएं रचने लगता जिन्हें वह अगले दिन स्कूल में सुनाते। उनके शिक्षक ने विस्मित होकर स्वयं से कहा, 'नानू कोई साधारण बच्चा नहीं है। मैं उसे उच्च शिक्षा दिलाने की कोशिश करूंगा।'

'भागवत' का रोज पारायण करना नानू की दिनचर्या में शामिल था। कृष्ण के प्रति उनका बहुत भक्तिभाव था। उनकी उच्च शिक्षा कायमकुलम के निकट संस्कृत के विद्वान एवं ज्योतिषी कुम्ममपिल्ली रामन पिल्लै आशान की देखरेख में हुई। नानू 1876 में प्रसन्नवदन घर से रवाना हुए। वह जानते थे कि वह घर से लंबे समय के लिए जा रहे हैं। वह वरनपल्ली के एक परिवार के साथ रहने लगे और स्कूल जाने लगे।

ईजव होने के कारण उन्हें स्कूल में विद्वेष का शिकार होना पड़ा। ऊंची जाति के छात्र लकड़ी की बेंचों पर बैठते थे मगर उन्हें बैठने से मना कर दिया गया। उन्हें बैठने के लिए ताड़ का पत्ता दिया गया। उन्होंने पैर से पत्ते को एक तरफ फेंक दिया और गुस्से से अन्य विद्यार्थियों की ओर देखा। उन्होंने धीमी मगर सख्त आवाज में पूछा, "इस कमरे में सांस लेने के लिए भी मुझे तुम्हारी आज्ञा लेनी पड़ेगी?" छात्र स्तब्ध रह गए। उनका यह कठोर रवैया देख शिक्षक को भी अचंभा हुआ।

दिव्य ज्ञान

रामन पिल्लै आशान को जल्दी ही पता चल गया कि नानू एक प्रतिभाशाली छात्र हैं। जाति की परवाह किए बिना उन्होंने नानू को

अनुमति दे दी कि वह जिस भी कक्षा में अध्ययन करना चाहें कर सकते हैं एवं सामूहिक चर्चाओं और वाद-विवाद में भाग ले सकते हैं।

नानू वरनपल्ली परिवार के भी प्रिय बन गए। उनके शांत स्वभाव और धर्मपरायणता ने उन्हें मोहित कर लिया। लोग उन्हें नानू भक्त कहकर बुलाने लगे।

शीघ्र ही नानू ने अन्य विषयों के अलावा व्याकरण, काव्यशास्त्र और तर्कशास्त्र में निपुणता प्राप्त कर ली। उनकी बुद्धिमत्ता, अनुशासन और विनोदवृत्ति ने उन्हें शिक्षक का प्रिय बना दिया और शिक्षक ने नानू को कक्षा का नेता बना दिया। इससे दूसरे छात्र नानू से ईर्ष्या करने लगे। वे उन्हें परेशान करने के तरीके खोजने लगे।

एक दिन लड़कों ने नानू का पीछा किया और उन्हें एक झोंपड़ी में घुसते देखा। उन्होंने अंदर झांककर देखा तो उन्हें एक कुष्ठ रोगी दर्द से कराहता नजर आया। नानू उसकी सेवा कर रहे थे और उसके घावों पर तेल लगा रहे थे। लड़के स्तब्ध रह गए। उन्होंने मन ही मन में उन्हें दयालु नानू नाम से पुकारा। वे नानू से और भी अधिक जलने लगे। उन्होंने उन्हें जोर से 'पूचा संन्यासी' (ढोंगी संन्यासी) कहा।

एक दिन संध्या समय सभी लड़के बड़ी मौजमस्ती में थे। वे स्कूल के बाहर धमाचौकड़ी मचा रहे थे। नानू उनमें नहीं थे। वह स्कूल की सीढ़ियों पर चुपचाप बैठे थे। अचानक, वह बाहें पसारकर खड़े हो गए। उनकी पलकें मूंद गईं और होठ कांपने लगे। लड़के आश्चर्य से आंखें फाड़े उन्हें देखते ही रह गए। देखते-देखते नानू मूर्छित होकर गिर पड़े। जब उन्हें होश आया तो लड़कों ने उनसे पूछा, "नानू, क्या हुआ?" शोरगुल सुनकर रामन पिल्लै बाहर आए। नानू ने लड़कों की ओर देखा और मलयालम में कविता की कुछ पंक्तियां कहीं। रामन को छोड़ अन्य सभी किंकर्तव्यविमूढ़ हो मुंहबाए देखते रहे। रामन आश्चर्य में डूबे नानू को देखते ही रह गए, क्योंकि जो कुछ नानू ने

कहा था उससे वह यही समझ पाए थे कि नानू को दैवीय अनुभूति हुई है। अतिसार के रोग के कारण नानू को वरणपल्ली में अपनी शिक्षा अपूर्ण छोड़कर घर लौटना पड़ा। उन्हें देखकर सब बहुत प्रसन्न हुए।

अपने पिता की इच्छानुसार 1880 के आसपास नानू अध्यापक बन गए और नानू आशान के नाम से जाने गए। परिवार ने अंचुथेंगु में एक स्कूल स्थापित कर लिया। स्कूल के वरनपल्ली में नहीं खोलने का एक कारण था। नानू के एक संबंधी अंचुथेंगु के नजदीक रहते थे। कालियम्मा नाम की अंचुथेंगु की एक कन्या से नानू का विवाह होनेवाला था। लेकिन नानू को लड़की में जरा भी दिलचस्पी नहीं थी। उलटे वह और भी अधिक अंतर्मुखी होते जा रहे थे। उनकी प्रार्थनाएं और मनन-चिंतन चलता रहा। वह अपने ही विचारों में खोए रहते थे, उनके विचित्र स्वभाव के कारण उनकी माता और परिवार के अन्य सदस्य चिंतित हो गए।

कालियम्मा से 1882 में उनका विवाह हो जाने पर भी उनमें कोई परिवर्तन नहीं आया। एक दिन उन्होंने कालियम्मा को अपने पास बिठाकर मृदु स्वर में कहा, "हममें से प्रत्येक का जन्म इस संसार में विशेष उद्देश्यों की प्राप्ति के लिए हुआ है। मेरे समक्ष मेरा लक्ष्य है और तुम्हारे समक्ष तुम्हारा। मुझे मेरे मार्ग पर चलने दो और तुम जैसे अपना जीवन बिताना चाहो वैसे रहो। मेरी शुभकामना तुम्हारे साथ है," यह कहकर वह वहां से चले गए। लेकिन, सांसारिक बंधनों को तोड़ना नानू के लिए आसान नहीं था। माता-पिता की मृत्यु ने उन्हें गृहस्थी की जिम्मेदारी उठाने पर मजबूर कर दिया। 'अगर मैं यह जिम्मेदारी नहीं लेता हूं तो यह मेरी भूल तो नहीं होगी,' नानू ने सोचा। उन्होंने मन को समझा लिया कि जिंदगी में इन बातों का महत्त्व अस्थाई रूप से ही है और वह अपने मन में उठ रहे तमाम सवालों के समाधान और सत्य की खोज में निकल पड़े।

गुरु

किसी खोज में वह यहां से वहां भटकते रहे, लेकिन क्या खोज रहे हैं यह उन्हें पता नहीं था। वह केवल इतना भर जानते थे कि किसी दुर्बोध बात की उन्हें तलाश है। वह तारों की छांव में कहीं पर भी या किसी मंदिर में सो जाते। लोग जो कुछ भी उन्हें खाने को दे देते वह खा लेते। भटकते-भटकते वह केरल से बाहर चले गए। कई योगी गुरुओं से उनकी भेंट हुई जिनकी शिक्षा ने उनकी आंतरिक शक्तियों को और भी सुदृढ़ किया। तमिलनाडु में उन्होंने तमिल सीखी और तमिल धर्मग्रंथों में पारंगत हो गए। संसार को संचालित करनेवाले अंतिम सत्य तक पहुंचने के लिए कृतसंकल्प वह पश्चिमी घाटों के अंतिम छोर पर स्थित एक पहाड़ी मरुतवामलै पहुंच गए। पहाड़ी के शिखर पर एक गुफा थी। उसमें बैठकर वह योग और ध्यान करने लगे। कई बार उन्हें पत्ते, मूल और जंगली फल खाकर ही अपनी भूख शांत करनी पड़ती थी। जंगली पशुओं ने उन्हें कभी परेशान नहीं किया।

पहाड़ी के नीचे रहनेवालों को शीघ्र ही उनके बारे में पता चल गया। वे उनके दर्शन करने गुफा तक आए और उन्हें साष्टांग प्रणाम किया। नारायण के मुखमंडल पर ऐसी आभा थी कि सब मुग्ध हो गए। वे अपनी परेशानियां लेकर उनके पास आते और सांत्वना प्राप्त करते। 'मनुष्य कितनी सारी समस्याओं से घिरा है,' नानू ने सोचा। 'ये उसकी खुशियां छीन लेती हैं। इस अंतर्विरोध को किस तरह दूर कर सकते हैं? मनुष्य का हृदय खुशी और शांति से किस प्रकार परिपूर्ण किया जा सकता है?' इसका पता लगाने के लिए उन्हें इसकी गहराई में और अधिक जाना होगा, वे जानते थे। उनकी सत्य की खोज जारी रही।

चिंतन-मनन के लिए शांत वातावरण खोजने के लिए वह मरुतवामलै से चले आए और नैयर नदी के तट पर तिरुवनंतपुरम से 12 मील दूर, अरुविप्पुरम गांव की एक गुफा में आ गए। यह वनाच्छादित प्रदेश था। आस-पास पहाड़ियां थीं। यहां वह ध्यान लगाकर बैठ गए। यहां भी लोगों की भीड़ जुटने लगी। उन्होंने महसूस किया कि लोगों से कटकर रहने से कोई लाभ नहीं। शायद यही वह सत्य था जो गुफा में उनके गहन चिंतन-मनन से प्रकट हुआ था।

इसके शीघ्र बाद ही वह लक्ष्य उन्हें मिल गया जिसकी खोज में वह थे। जो कुछ वह जानना चाहते थे उन्होंने जान लिया था और इसे जान लेने के बाद उनके लिए कुछ भी जानना शेष नहीं रहा था। अपना अनुभव उन्होंने इन पंक्तियों में व्यक्त किया—

एक ही साथ दस हजार सूर्योदयों के समान
वह विवेकपूर्ण जागरूकता आती है
यह आदियुगीन सूर्य ही है
जो विच्छिन्न कर देता है माया-अंधकार को, जो सच्चे ज्ञान को आच्छादित किए है।

शब्द के सच्चे अर्थ में नानू अब एक ज्ञानी, एक योगी और एक गुरु थे—गु का अर्थ है अंधकार और रु का अर्थ है दूर करना। नानू के मन से अज्ञान का अंधकार दूर हो गया और वह संसार के लिए अंधकार दूर करनेवाले नारायण गुरु बन गए।

मंदिरों का निर्माण

नारायण गुरु गरीबों के साथ रहने लगे। उन्हीं लोगों के साथ वह भोजन करते। लोग उन्हें श्रद्धा की नजर से देखने लगे। आयुर्वेदिक एवं तमिल चिकित्सा प्रणाली का उनका ज्ञान और चिकित्सा कौशल

उनकी शक्ति के प्रति लोगों की आस्था को और भी दृढ़ करने में सहायक सिद्ध हुए। दयाभाव से लोगों का कष्ट दूर करने के लिए वह जो कुछ भी करते उसे लोग चमत्कार ही मानते।

एक बार केरल में भयंकर सूखा पड़ा। वर्षा न होने से लोगों को भारी कष्ट का सामना करना पड़ा था। नारायण गुरु से लोगों का कष्ट देखा नहीं गया। उन्होंने लोगों से उनके साथ भजन गाने और प्रार्थना करने के लिए कहा। अंत में इंद्रदेव को दया आई और वर्षा हुई।

विभिन्न जातियों के लोग नारायण गुरु से सहायता और आशीर्वाद पाने के लिए भीड़ लगाए रहते। उन सभी की समस्याएं एक जैसी थीं, ये सब बीमारियों, दुख-तकलीफों और विपत्तियों के सताए लोग थे। लोगों से इस प्रकार घुलने-मिलने से उनके मन में एक बात तो स्पष्ट हो गई कि केवल एक जाति और एक ही धर्म है; ईश्वर, सार्वभौम सत्ता सबके लिए समान है। उन्हें महसूस हुआ कि समाज को बड़ी चतुराई से सार्वभौमिक भाईचारे की ओर ले जाना होगा। इससे भी अधिक तो उन्हें अवर्णों की दुर्दशा की चिंता थी। 'उनकी मान-मर्यादा और स्वाभिमान को लौटाने के लिए, मुझे सबसे पहले तो उन्हें संगठित और शिक्षित करना होगा,' उन्होंने मन में कहा। इस प्रकार सोचते-सोचते उनके मन में एक योजना आकार लेने लगी। उन्हें एक ऐसे मंदिर की जरूरत महसूस हुई जो सभी जातियों के लिए खुला हो।

सन 1887 में शिवरात्रि के दिन संध्या समय जलधारा के पास एक सुंदर स्थल पर हजारों लोग एकत्र थे। एक उभरी हुई चट्टान पर बनी वेदी के ऊपर तालपत्रों से चंदोवा छाया था जिसे आम्रपल्लवों और पुष्पों से सजाया गया था।

जब लोग इसी अचरज में डूबे थे कि मंदिर के देवता कहां से आएंगे, तब नारायण गुरु ध्यानमग्न बैठे थे। सूर्य अस्तांचल की ओर जा रहा था और अंधेरा होने लगा था। नारायण गुरु ने नेत्र खोले

और नदी की दिशा में चल पड़े। जब लोगों ने उन्हें नदी में डुबकी लगाते देखा, तो वे भौचक्के खड़े रह गए। कुछ पलों के लिए नारायण गुरु दृष्टि से ओझल हो गए। जब वह पानी से बाहर निकले तो उनके हाथों में शिवलिंग था। वहां खड़े लोगों ने राहत की सांस ली और जोर-जोर से पंचाक्षर मंत्र का जाप करने लगे।

नारायण गुरु ने श्रद्धापूर्वक लिंग को वेदिका पर स्थापित कर साष्टांग प्रणाम किया। यही प्रसिद्ध अरूविपुरम शिव मंदिर की शुरूआत थी। बाद में लिंग के चारों ओर एक मंदिर का निर्माण हुआ। इस घटना का केरल के इतिहास पर गहरा प्रभाव पड़ा, क्योंकि यह जातिशासित समाज को एक खुली चुनौती थी। नारायण गुरु एक ईजव, अछूत जाति के थे। उन्होंने जाति के सारे नियमों के विरुद्ध जाकर मंदिर में देवता की स्थापना की। इससे भी आगे, उन्होंने घोषित कर दिया कि सभी जातियों के लोग मंदिर में जाकर पूजा कर सकते हैं। ब्राह्मण पुजारियों को यह सहन नहीं हुआ। उन्होंने उनके इस कार्य पर आपत्ति उठाई। नारायण गुरु ने केवल इतना ही कहा, "ये ब्राह्मण शिव नहीं हैं; ये ईजव शिव हैं। इसलिए आप लोग परेशान न हों।"

बाद में उन्होंने अपने उलझन में पड़े भक्तों को समझाया, "जाति का विचार एक गलत अवधारणा है, जो अज्ञान के कारण उपजी है। भगवान शिव न तो ब्राह्मण हैं और न ही ईजव।" अरूविप्पुरम मंदिर धीरे-धीरे एक मठ बन गया। मंदिर के कामकाज को सुचारू रूप से चलाने के लिए 1899 में एक सोसायटी का पंजीकरण किया गया।

अरूविप्पुरम मंदिर बन जाने के बाद नारायण गुरु ने केरल में अलग-अलग स्थानों—वक्कम, कुलतुर, कोवलम, चेरई, कुरकनचेरी, तेल्लीचेरी, केन्ननोर, कालीकट, और मेंगलोर (कर्नाटक) में मंदिरों का निर्माण कराया। इनका निर्माण कराने में उनका उद्देश्य यही था कि

"मंदिर लोगों को ज्ञानप्राप्ति में मदद करने के स्थान होने चाहिएं, वे शुचिता एवं सुंदरता का आवास हों।"

नारायण गुरु ने पहले तो उच्च जाति के हिंदू मंदिरों के नमूने पर शिव मंदिर बनाए। फिर 1912 में इससे कुछ अलग वरकल में 'पंचलौह' से निर्मित ज्ञान की देवी शारदा की प्रतिमा की स्थापना की, इस प्रकार उन्होंने ज्ञान की आराधना को भी शामिल कर लिया। यह मंदिर 'शारदा मठ' के नाम से भी जाना जाता है। प्रतिमा स्थापना के समय नारायण गुरु ने ये पंक्तियां लिखीं– यह एक आदर्श आवास है जहां सभी मनुष्य बिना किसी जातिभेद अथवा धार्मिक प्रतिद्वंद्विता के भाइयों के समान रहेंगे। इस मंदिर की अनोखी बात यह है कि पूजा के रूप में इसमें केवल मंत्रपाठ करने और फूल चढ़ाने की ही अनुमति है। दूसरे मंदिरों के समान अन्य अनुष्ठान यहां नहीं किए जाते। इसी तरह कई मंदिर केरल, तमिलनाडु, कर्नाटक और श्रीलंका में भी बनाए गए। उनमें नारायण गुरु के संदेश दिखाई देते हैं–

मनुष्य की एक ही जाति, एक ही धर्म और एक ही ईश्वर है।
जाति के बारे में मत पूछो, मत बताओ, मत सोचो।
उसका जो भी धर्म हो, मनुष्य को स्वयं ही उन्नति करने दो।

नारायण गुरु ने 1922 में तिरुवनंतपुरम के निकट मुरूकुम्पुज में एक मंदिर निर्मित किया जिसमें प्रतिमा के स्थान पर तेज रोशनी में ये अंकित शब्द–'सत्य, कर्तव्य, दयालुपन, प्रेम' चमक रहे थे।

उनके मंदिर सुधार की परिणति के रूप में शेरतलाई के कलवनकोड में पूजा के स्थान पर एक दर्पण रखा गया था जिसका अभिप्राय था कि मनुष्य को अपनी अंतरात्मा का विकास और उपयोग करके अपना मोक्ष खोजना चाहिए। त्रावनकोर सरकार की 1936 में मंदिर प्रवेश उद्घोषणा के बहुत पहले से ही नारायण गुरु ने अपने मंदिर हिंदुओं और गैरहिंदुओं के लिए खोल रखे थे।

शिक्षा पर बल

नारायण गुरु का कहना था कि अगर दलितों को संसार में अपनी उन्नति करना और सफलतापूर्वक रहना है, तो सिर्फ मंदिरों में पूजा कर लेना ही पर्याप्त नहीं है। उन्हें यह महसूस कराने की जरूरत है कि सबसे पहली और सबसे अधिक आवश्यकता तो यह है कि वे संगठित हो जाएं। इसके बाद वे शिक्षित और कामकाजी लोगों में शामिल होने के लिए प्रशिक्षित होने पर ध्यान दें। यह उन्हें समाज में शक्ति और प्रतिष्ठा दिलाएगा। इसलिए अब उनका जोर शैक्षिक और व्यावसायिक प्रशिक्षण पर था। उन्होंने मंदिरों के जरिए अपने शैक्षिक कार्यक्रम शुरू कर दिए। उन्होंने मंदिरों में और मंदिरों के आसपास पुस्तकालय, व्याख्यान-कक्ष, शैक्षणिक संस्थान और औद्योगिक केंद्र विकसित करने पर ध्यान दिया।

उन्होंने लोगों को प्रगति के लिए एक तीन सूत्री फार्मूला दिया–

- संगठन के जरिए बल
- शिक्षा के जरिए स्वतंत्रता
- उद्योग के जरिए आर्थिक स्वावलंबन

डा. पल्पू एक शिक्षित ईजव थे जिन्हें जातीय भेदभाव का शिकार होना पड़ा था। वह जाकर नारायण गुरु से मिले और ये दोनों मानवतावादी मिलकर काम करने लगे। अरूविपुरम टेंपल एसोसिएशन 1903 में, श्री नारायण धर्म परिपालन योगन में परिवर्तित हो गई। यह सोसायटी तीन सूत्री फार्मूला लागू करने के लिए बनाई गई थी। नारायण गुरु इसके अध्यक्ष और महाकवि कुमारन आशान इसके महासचिव बने। जातिगत भेदभाव, अस्पृश्यता और अंधविश्वास भरे धार्मिक अनुष्ठानों जैसी सामाजिक बुराइयों के उन्मूलन के लिए यह प्रयासरत थी। बड़ी संख्या में ईजव योगम में शामिल हो गए। योगम

की और भी इकाइयां विभिन्न शहरों और गांवों में काम करने लगीं। योगम की आवाज बनने के लिए 'विवेकोदयम' नाम से एक मासिक पत्रिका प्रकाशित करने का निर्णय लिया गया।

योगम स्थापित हो जाने के बाद नारायण गुरु ने एक अद्वैत आश्रम अलवाए में और एक वरकल में निर्मित किया। उन्होंने अलवाए में एक संस्कृत स्कूल, शिवगिरी में एक अंगरेजी माध्यम का स्कूल और तमिलनाडु में नीलगिरि के शांतिपूर्ण वातावरण में नारायण गुरुकुल की स्थापना की। वे लोगों को बार-बार शिक्षा का महत्त्व समझाते रहते और उन्हें अध्ययन करने के लिए प्रोत्साहित करते।

"...शिक्षा के जरिए स्वयं को मुक्त करो। संगठन के जरिए मजबूत और शक्तिशाली बनो...सिर्फ शिक्षा ही समाज को फलने-फूलने में मदद करती है, इसीलिए अगर हम सामाजिक प्रगति चाहते हैं, तो शिक्षा का प्रसार करके उसे जन-जन तक पहुंचाना होगा...जिन लोगों के पास साधन हैं उन्हें अच्छे मगर गरीब छात्रों की सहायता करनी चाहिए। हमारे समाज के लिए ऐसा करना कई तरह से लाभदायक होगा...केवल पुरुषों को ही नहीं, महिलाओं को भी शिक्षित करना होगा। हर इलाके में एक साहित्यिक संस्था, पुस्तकालय और वाचनालय होना चाहिए। समाज के प्रत्येक सदस्य को इन इकाइयों को सुदृढ़ बनाने की कोशिश करना चाहिए..."

योगम ने शैक्षिक गतिविधियां तेज कर दीं। केवल स्कूल ही नहीं, कालेज और व्यावसायिक प्रशिक्षण केंद्र एवं शिक्षक प्रशिक्षण संस्थान भी स्थापित किए। ईजवों और अन्य नीची जातिवाले बच्चों को शिक्षित होते देख नारायण गुरु बहुत प्रसन्न होते। सिर्फ यहीं तक ही नहीं था। वह इन समुदायों को आर्थिक रूप से भी उन्नत देखना चाहते थे और वह जानते थे कि ऐसा उद्योग और वाणिज्य के ही जरिए हो सकता है।

"इस क्षेत्र में धनवानों के शामिल होने की जरूरत है," उन्होंने कहा। "पैसेवाले लोगों को चाहिए कि वे व्यावसायिक रूप से व्यवहार्य लघु-उद्योगों को वित्तीय सहायता देने के लिए आगे आएं।"

उनके शब्दों को कार्यरूप देने के लिए उन्होंने आगे बढ़कर लोगों का मार्गदर्शन किया। फलस्वरूप, 1905 में पहली औद्योगिक प्रदर्शनी का आयोजन हुआ। इससे समुदाय का नैतिक बल बढ़ा, क्योंकि इसने इन लोगों को अपनी शिल्पकारिता का प्रदर्शन करने और अपने सामान को बेचने का अवसर प्रदान किया। आर्थिक स्वावलंबन से निम्न जाति के लोगों का आत्मविश्वास बढ़ा और धीरे-धीरे उन्हें प्रगतिशील समाज में परिवर्तित कर दिया।

सामाजिक रीति-रिवाजों के विरुद्ध

नारायण गुरु और उनकी गतिविधियां अब तक केरल में ही नहीं भारत के अन्य भागों में भी जानी जाने लगी थीं। लोग विभिन्न सामाजिक समारोह आयोजित करने से पहले आशीर्वाद प्राप्त करने के लिए हजारों की संख्या में नारायण गुरु के पास आने लगे। उन्होंने देखा कि लोग अपनी मेहनत की कमाई को कुछ अनावश्यक सामाजिक रीति-रिवाजों में बर्बाद कर देते हैं। उन्होंने कहा कि अगर प्रगति करना है, तो ऐसे रीति-रिवाजों को त्यागना होगा। पुरानी पद्धतियों को छोड़कर नए को अपनाना होगा।

सबसे पहले 'मिनुकेतु' का पुराना रिवाज जिसमें आठ साल की बच्चियों का नकली विवाह रचाया जाता था, उसे खत्म किया। गहनों और दावतों पर काफी धन खर्च किया जाता था। नारायण गुरु जानबूझकर ऐसे ही एक 'मिनुकेतु' में शामिल हुए और इस प्रकार के समारोहों की निरर्थकता के बारे में समझाया। वहां उपस्थित सभी

लोग स्तब्ध रह गए। वे उनकी बात टालकर समारोह जारी नहीं रख सकते थे। अब नारायण गुरु ने समारोह के लिए तैयार हो रही नन्ही बच्चियों को बुलाया और उन्हें मिठाई देकर घर भेज दिया।

जिन दो अन्य रिवाजों को खत्म किया वे थे, लड़कियों के प्रथम बार ऋतुमति होने का 'समारंभ' और स्त्री के प्रथम बार गर्भवती होने का समारोह 'पुलीकुटी'। इससे भी आगे, लड़कों के यज्ञोपवित संस्कार, विवाह समारोह तथा अंतिम संस्कार के खर्चों में भी भारी कटौती की गई।

धार्मिक सहिष्णुता की शिक्षा

यह सामाजिक दार्शनिक एवं आंदोलनकारी लगातार सोचते और कार्य करते रहते थे। उन्होंने ध्यान दिया कि धार्मिक संघर्ष होते ही रहते हैं। अगर तथाकथित धार्मिक प्रमुखों का दृष्टिकोण बदल जाए तो कैसा रहे? उनके इस विचार ने 1924 में केरल के अलवाए में मूर्तरूप ग्रहण किया। एशिया का अपनी तरह का प्रथम सर्वधर्म सम्मेलन, धर्म संसद आयोजित हुआ। सम्मेलन के प्रवेश द्वार पर यह संदेश लिखा था—'हम यहां वाद-विवाद करने और जीतने के लिए नहीं एकत्र हुए हैं, बल्कि एक-दूसरे को जानने-समझने आए हैं।'

सम्मेलन में यह निर्णय लिया गया कि विश्व के समस्त धर्मों के तथ्यपूर्ण और निष्पक्ष अध्ययन एवं शिक्षण के लिए शिवगिरि में एक अध्ययन केंद्र बनाया जाए। नारायण गुरु ने केंद्र का नाम रखा ब्रह्मविद्या मंदिर। आज यह ब्रह्मविद्या के पूर्व-पश्चिम विश्वविद्यालय के नाम से जाना जाता है।

रुढ़िवादिता के खिलाफ संघर्ष दलित वर्गों के अधिकार स्थापित करने की आवश्यकता तीव्र होने लगी जो 1924 के वैकोम सत्याग्रह

में परिणत हुई। रुढ़िवादिता और जाति नियमों को चुनौती देने के लिए भारत का यह पहला योजनाबद्ध आंदोलन था।

वैकोम त्रावनकोर जिले का एक छोटा-सा मंदिरोंवाला शहर था। यहां अवर्णों का केवल मंदिरों में प्रवेश ही निषद्ध नहीं था, उन्हें मंदिरों के आस-पास मार्गों पर चलने की भी मनाही थी। इस आंदोलन को भारतीय राष्ट्रीय कांग्रेस और गांधीजी का भी पूरा समर्थन प्राप्त था। नारायण गुरु ने आंदोलन को अपना पूर्ण सहयोग और नैतिक समर्थन दिया। निम्न जाति के समुदायों को प्रभावित करनेवाले कुछ जाति नियमों और निषेधात्मक आदेशों को समाप्त कर देने पर वर्षभर चलनेवाला सत्याग्रह, अक्टूबर 1925 में वापस ले लिया गया। प्रगतिशील विचारों के सवर्णों और अवर्णों के साथ ही, ईसाइयों, मुसलमानों और सिखों ने भी सत्याग्रह में भाग लिया। इससे लोगों की एकता का पता चला।

गांधीजी और नारायण गुरु सत्याग्रह के दौरान मिले। वैसे तो गांधीजी अस्पृश्यता के खिलाफ थे, लेकिन वह ये मानते थे कि चार वर्णोंवाली जाति प्रणाली समाज के लिए स्वास्थ्यकर है। गांधीजी आम के एक वृक्ष की पत्तियों की ओर इशारा करते हुए कहा, “सारी पत्तियां एक समान नहीं होतीं; मनुष्य भी ऐसे ही हैं, रूपरंग और दृष्टिकोण में अलग-अलग।” नारायण गुरु ने इसके जवाब में कहा, “आप जब पत्तियां चबाते हैं तो उनका स्वाद एक जैसा ही होता है। इसी तरह सभी मनुष्य मूलतः एक समान होते हैं।”

दो महान व्यक्ति एक ही उद्देश्य को लेकर काम कर रहे थे किंतु उनके दृष्टिकोण में थोड़ा फर्क था। रवीन्द्रनाथ टैगोर ने इन सामाजिक-धार्मिक नेता के बारे में सुना और नारायण गुरु से मिलने आ गए। “आपने जो कुछ भी किया है उसके लिए मानवता आपकी ऋणी है,” उन्होंने नारायण गुरु से कहा।

"कार्य करने के लिए मेरी स्वयं की कोई शक्ति नहीं है," नारायण गुरु ने उत्तर दिया। "सारे कार्य एक के बाद एक होते चले जाते हैं। ब्रह्मांड हममें से प्रत्येक के जरिए स्वयं को व्यक्त करता है।" टैगोर उनका विनम्र और प्रबुद्ध उत्तर सुनकर अभिभूत हो गए।

नारायण गुरु का एक महत्त्वपूर्ण पक्ष यह था कि वह अपना जिक्र 'मैं' कहकर नहीं बल्कि 'हम' करके करते थे, क्योंकि वह दूसरों को अपना ही अंश समझते थे और स्वयं को उनका। शांति और सद्भाव का संदेश फैलाने के लिए नारायण गुरु ने अपने शिष्यों के साथ श्रीलंका का दो बार दौरा किया, एक 1918 में और दूसरा 1926 में।

महासमाधि

जीवन के अंतिम समय तक नारायण गुरु लोगों को प्रेरणा और मार्गदर्शन देते रहे। 1928 के आरंभ में योगम की एक विशेष बैठक में भाग लेने के तुरंत बाद वह अचानक बीमार हो गए। उनकी अच्छी से अच्छी चिकित्सा की गई लेकिन उन्हें यह तकलीफ भोगनी ही थी। उन्होंने 20 सितंबर, 1928 को महासमाधि ले ली यद्यपि अब वह समुदाय सशरीर मौजूद नहीं थे, लेकिन इससे उनका आत्मिक प्रभाव जरा भी कम नहीं हुआ था। उनके समर्पित शिष्य उनकी संकल्पनाओं और शिक्षाओं की व्यावहारिकता का प्रचार करते रहने का हर संभव प्रयास करते थे।

नारायण गुरु अपने ज्ञान, अपने विवेक अपनी सार्वभौमता की संकल्पना और अपने संस्थानों की संपदा अनंत काल के लिए छोड़ गए थे। उनका जातिविहीन समाज के निर्माण का श्रेष्ठ उदाहरण पूरी तरह से मूर्त रूप नहीं ले पाया, किंतु यह ईजवों और अन्य पिछड़े समुदायों को प्रगतिशील बनने में सहायक अवश्य हुआ। जन्मजात

कवि न होने के बावजूद भी नारायण गुरु परमात्मा की स्तुति, आत्मा और मनुष्य के भाईचारे के विज्ञान पर मलयालम, तमिल और संस्कृत में भक्तिरस की कई कविताएं लिखने को प्रेरित हुए।

उनकी मलयालम रचनाओं में 'अद्वैतदीपिका', 'आत्मोपदेश शतकम' शामिल हैं। कहा जाता है कि उनकी कृति 'दर्शनमाला' में उनका संपूर्ण तत्व-ज्ञान संचित है। उन्होंने तमिल रचनाओं 'तिरूक्कुरल', ओजुविलोट्टुकम का मलयालम में अनुवाद किया। 'दैव दर्शन' नारायण गुरु द्वारा लिखित एक सरल प्रार्थना है।

नारायण गुरु की महानता यह थी कि उन्होंने अपने महान आदर्शों को व्यावहारिक रूप दिया जो तमाम बाधाओं को पार करके सब लोगों तक पहुंचा।

"बहुत सारा धन खर्च करके पुरानी शैली के मंदिर बनाने की कोई आवश्यकता नहीं। त्योहारों और आतिशबाजी में धन बरबाद नहीं करना चाहिए। मंदिरों में विस्तृत कक्षों की आवश्यकता है जहां लोग एकत्र हों और जहां प्रवचन आयोजित किए जा सकें। हर मंदिर में स्कूल और बगीचे होने चाहिए। हर मंदिर के पास बच्चों को औद्योगिक प्रशिक्षण देने की सुविधा होनी चाहिए। भक्तों द्वारा चढ़ावे में प्राप्त धन गरीबों को लाभ पहुंचाने में खर्च करना चाहिए।"

नारायण गुरु

"...ओह, जो कुछ भी आंखें देखती हैं वह स्थायी नहीं है। शरीर भी एक बुलबुले की तरह चिरस्थायी नहीं है सबकुछ एक स्वप्न है। हम शरीर नहीं बल्कि चेतना हैं। चेतना, जोकि हम हैं, शरीर से पहले भी अस्तित्व में थी और इसके नष्ट हो जाने के बाद भी रहेगी। हम जन्म, मृत्यु, गरीबी, रोगों, भय आदि से प्रभावित नहीं हो सकते। इन शब्दों के सर्वोच्च लेखक और सलाह के इन शब्दों को सदा याद रखने के लिए ये मुझे दे दिए जाएं!"

मेरे समस्त पापों को आपके द्वारा नष्ट कर दिए जाने के बाद आपका यह परमानंद मुझे मिल सके!

बिना कष्ट के यह जीवन जीने और अंत में आपकी सर्वोच्च सत्ता में लीन होने लायक मुझे बनाने के लिए आपका आशीर्वाद मुझे मिले!"

नारायण गुरु द्वारा 1910 में रची प्रार्थना

मदर टेरेसा

ए. के. श्रीकुमार

"अत्यंत असाधारण बात तो यह है कि सर्वशक्तिमान प्रभु ने अपने इस विनम्र साधन के जरिए विपुल मात्रा में भलाई की है। प्रभु ने इस स्त्री (मदर टेरेसा) को इसके गुणों और कमियों, जी हां इसके महान गुणों और कमियों, तथा इसके कमजोर प्रशिक्षण के साथ अपना कार्य करने को इसलिए प्रयुक्त किया क्योंकि यह पूर्णरूपेण उसकी आज्ञाकारी है। जरा भी संदेह किए बिना वह उसके आदेशों का तत्परता से पालन करती है। वह स्वयं के बारे में जरा भी नहीं सोचती। वह उसके लिए हर काम करती है। उसकी शक्ति पर इतना भरोसा करके वह यह करती है कि उसे कोई भी कार्य असंभव नहीं लगता। सारा काम प्रभु के लिए किया जाता है।"

फादर हेनरी

मदर टेरेसा

बचपन

निकोला बोयाक्शु, मित्रों के लिए 'कोल', स्कोजे के, जो अब मेसेडोनिया की राजधानी है, एक समृद्ध व्यवसायी थे। निकोला और उनकी पत्नी ड्रानाफिल रोमन कैथलिक थे। वह स्कोजे की सर्ब प्रधानतावाली टाउन काउंसिल के एकमात्र रोमन कैथलिक सदस्य थे। बोयाक्शियस उत्तर के पर्वतीय इलाकों की घेज जनजाति के लोग थे। निकोला का पुष्पों और फलों के वृक्षों से घिरा प्रासाद उसी सड़क पर था जिस पर चर्च आफ द सेक्रेड हार्ट था।

समृद्धिपूर्ण बोयाक्शु भवन, 26 अगस्त, 1910 को नवजात शिशु के कंद्रन से गूंज उठा। यह नवजात शिशु निकोला और ड्रानाफिल की तीसरी संतान थी। उसका नाम रखा गया एग्नेस गोंज्झा, जिसका अर्थ था 'कुसुमकली'। उनकी एक बड़ी बहन थी एजे और एक भाई लाजार था। उन दिनों स्कोजे एक हिंसक और क्रूर स्थान था। जब 500 वर्ष के आधिपत्य के पश्चात 1913 में ओटोमान तुर्कों ने अल्बानिया छोड़ा, तो उस क्षेत्र के लोगों के सामने अनिश्चित भविष्य खड़ा था। पूरे क्षेत्र में राष्ट्रीयता के जोश की लहर फैल रही थी। राष्ट्रवाद और

उदारता ने कोल को स्कोजे में एक लोकप्रिय व्यक्ति बना दिया। सख्त किंतु दयालु स्वभाववाले निकोला को अपने परिवार से बहुत प्यार था। जब पिता अपने व्यावसायिक दौरों से लौटते तो बोयाक्शु बच्चे ढेरों उपहार और मजेदार किस्सों की आशा लगाए रहते। धर्म के प्रति गहरी आस्था रखनेवाली मां ड्राना अपने बच्चों को नियमित रूप से प्रातःकालीन खीस्तयाग (मास) के लिए चर्च ले जाती। बोयाक्शियस की आस्था इस बात पर थी कि कोई भी जरूरतमंद उनके दरवाजे से खाली हाथ न लौटे। नन्ही गोंज्झा, सब प्यार से एग्नेस को इसी नाम से पुकारते थे, अकसर गरीबों को दान देने जा रही मां के साथ चली जातीं। एग्नेस और उनकी बहन को स्थानीय सेकंडरी स्कूल में भर्ती करा दिया गया। दोनों ही पढ़ाई में तेज थीं।

एग्नेस अपनी उम्र के लिहाज से कुछ अधिक ही गंभीर प्रकृति की थीं। हमेशा अच्छे व्यवहारवाली एग्नेस जैम भी नहीं चुराती थीं जबकि लाजार चुरा लेता था। तीनों बच्चों को उदारता और दयालुपन के गुण माता-पिता से बहुतायत में मिले थे। वर्षों बाद मदर टेरेसा ने बताया था, "मुझे याद है, मेरे माता-पिता और हम सब रोज शाम को एक साथ मिलकर प्रार्थना करते थे। प्रार्थना हमारे परिवार को प्रभु का सर्वश्रेष्ठ उपहार था। जो परिवार एक साथ मिलकर प्रार्थना करता है वह एक साथ बना रहता है।"

दुखद बात तो यह थी कि उनकी धर्मनिष्ठा भी निकोला बोयाक्शु के परिवार को अधिक दिनों तक एक साथ न रख सकी। राजनीतिक प्रतिद्वंद्वियों ने 1919 में बेलग्रेड में एक रात्रिभोज में कोले को विष दे दिया। उस समय एग्नेस नौ ही वर्ष की थीं। निकोला की मृत्यु के पश्चात बोयाक्शियसों का जीवन ही बदल गया। अपने रिश्तेदारों और मित्रों द्वारा उपेक्षित ड्राना ने कढ़ाई और हस्तकौशल के कपड़ों का अपना व्यवसाय शुरू किया।

परिवार जब अपने पैरों पर खड़े होने के लिए संघर्ष कर रहा था तब एग्नेस के लिए ईसाई धर्म और भी अधिक महत्त्वपूर्ण सहारा बनता जा रहा था। जेसुइट पुजारी, फादर फ्रेंजो जेम्ब्रेकोविच ने इस किशोरी को बहुत प्रभावित किया। "मैंने यीशू के लिए क्या किया?" फादर फ्रेंजों ने संत इग्नेशियस का उद्धरण उद्‌धृत किया, "मैं क्या कर रहा हूं, और मैं यीशू के लिए क्या करूंगा?"

एग्नेस के मन में उथलपुथल मची थी। वह इतनी अल्पवयस्क थीं कि उनके लिए तरुणाई की रोमांचकारी इच्छाओं और आध्यात्मिकता की प्रथम भावोत्तेजनाओं के बीच फर्क करना कठिन था। अपनी बेटी में धीरे-धीरे हो रहा यह परिवर्तन ड्रानाफिल की नजरों से बच न सका। जब एग्नेस ने नन बनने की इच्छा प्रकट की, तो मां को जरा भी आश्चर्य नहीं हुआ। एग्नेस की आयु उस समय सत्रह वर्ष थी।

अपने कमरे में जाकर ड्रानाफिल चौबीस घंटे तक चिंतन-मनन और प्रार्थना करती रही। अपने एकांतवास से बाहर आकर एग्नेस की मां ने इस जिज्ञासु तरुणी से कहा, "अपना हाथ उसे थमा दो और उसके साथ सफर पूरा करो।" किंतु एग्नेस के भाई ने जब यह जाना तो उसने तीव्र प्रतिक्रिया दिखाई।

डबलिन के रथफार्नहिम में लोरेटो ऐबि (मठ) में शामिल होने के लिए 15 सितंबर, 1928 को एग्नेस स्कोजे से रवाना हुईं। लोरेटो सिस्टर्स, मदर फ्रांसिस टेरेसा बाल द्वारा स्थापित इंस्टीट्यूट आफ द ब्लेस्ड वर्जिन मेरी की आयरिश शाखा थी। एग्नेस ने अपने धार्मिक जीवन के लिए लिसूक्स की संत थेरेसे का नाम अपनाया। उन्होंने धर्मसंघ की ही एक सिस्टर का भी यही नाम होने के कारण भ्रम न हो इसलिए अपने नाम में से एच हटा दिया और वे टेरेसा कहलाईं।

मिशनरियों की संरक्षक संत, संत थेरेसे एक फ्रांसीसी कारमेलाइट नन थीं। 1897 में 24 वर्ष की आयु में तपेदिक (टी.बी.) से उनका देहांत हुआ था।

अठारह वर्ष की होने तक एग्नेस ने पक्का इरादा कर लिया था कि उन्हें भारत में ही मिशनरी बनना है। इसलिए 9 जनवरी, 1929 को सिस्टर टेरेसा कलकत्ता (अब कोलकाता) पहुंच गईं। चार महीने बाद 23 मई, 1929 को वह नवदीक्षित बनीं और दार्जिलिंग में अध्यापन करने लगीं। 'सिटी आफ जाय' से उनकी पहली मुलाकात मानसिक आघात पहुंचानेवाली रही। एक कृशकाय व्यक्ति द्वारा खींचे गए रिक्शा में सवारी करने के विचार से ही वह सिहर उठीं। किंतु जब उन्हें यह महसूस हुआ कि इससे बचा नहीं जा सकता, तो वह प्रार्थना करने लगीं कि उनका भार इतना न हो जिससे रिक्शावाले को बहुत अधिक कष्ट हो।

कलकत्ता में नंबर 5, मिडलटन रो स्थित लारेटो हाउस, टेरेसा बाल की भेजी बारह ननों के पहले दल ने 1841 में स्थापित किया था। नब्बे वर्ष बाद, 24 मई, 1931 को कान्वेंट में सिस्टर आफ लोरेटो के रूप में सिस्टर टेरेसा ने गरीबी, ब्रह्मचर्य और आज्ञाकारिता की अपनी पहली अल्पकालिक शपथ ली। अगले उन्नीस वर्षों तक उन्होंने लोरेटो नन के रूप में जीवन बिताया।

इसके बाद उन्हें कलकत्ता के औद्योगिक उपनगर एंटाली के लोरटो स्कूल में भूगोल पढ़ाने भेजा गया। सिस्टर टेरेसा ने 14 मई, 1937 को अपने जीवन की समापक शपथ दोहराई। अंततः, अब वह व्रतदीक्षित नन बन ही गईं। कुछ ही समय में वह सेंट मेरीज स्कूल की प्रिंसिपल बन गईं। अब वह धर्म, भूगोल और इतिहास पढ़ाने लगीं। सिस्टर्स आफ लोरेटो के एंटाली कान्वेंट को जहां सिस्टर टेरेसा पढ़ाती थीं, 1942 में ब्रिटिश सेना ने अपने अधिकार में ले लिया

और उसे सैनिक अस्पताल बना दिया। इसी समय वह फादर सेलेस्टे वान एक्जेम से मिलीं। यह बेल्जियन जेसुइट पुजारी उनके आध्यात्मिक परामर्शदाता बन गए।

बाह्य जगत में

द्वितीय विश्वयुद्ध जोरों पर था और भारत का स्वतंत्रता संग्राम भी तेज हो रहा था। बाहरी उथल-पुथल की तुलना में सिस्टर टेरेसा के लिए कान्वेंट में आश्चर्यजनक एकांत और शांति थी। उन्हें कान्वेंट के संरक्षित जीवन से झुंझलाहट होने लगी। वह जानती थीं कि बाहर एक ऐसा संसार है जहां उनकी सेवाओं की जरूरत है।

सन 1936 में उन्होंने थोड़े समय के लिए संत टेरेसा के स्कूल में भी पढ़ाया। इसके लिए उन्हें कुछ दूर पैदल चलना पड़ता था। उन्हें कलकत्ता की सबसे गंदी बस्ती मोतीझील से होकर गुजरना पड़ता था। यह जानते हुए कि युद्ध की परिस्थितियां उन्हें निरंतर कान्वेंट में बंद नहीं रहने देंगी, सिस्टर टेरेसा गंदी बस्तियों और अस्पतालों में जाने लगीं। उनके साथ उनकी कुछ छात्राएं भी होतीं।

"क्या तुम इन गरीबों की कुछ मदद कर सकती हो?" उन्होंने आसपास फैली गंदगी की ओर इशारा करते हुए अपनी शिष्याओं से पूछा। "अगर तुम्हारे माता-पिता तुम्हें मना कर दें तो?" सिस्टर फ्लोरेंस जैसी मध्यवर्गीय बंगाली परिवारों से आई कुछ शिष्याएं समझ गईं कि सिस्टर टेरेसा उनके धैर्य और आस्था की परीक्षा ले रही हैं।

सन 1943 में बंगाल में भयंकर अकाल पड़ा जिसमें पचास लाख से भी अधिक लोगों की जानें गईं। लोग कलकत्ता छोड़कर भागने लगे। लोरेटो हाउस को शरणार्थियों के लिए शिविर बना दिया गया।

महायुद्ध तो थम गया मगर कलकत्ता में स्थिति खराब थी। 1946

में अगस्त के महीने में सांप्रदायिक दंगे भड़क उठे। सड़कें लाशों और अधमरे लोगों से पटी पड़ी थीं। हैजा फैलने की आशंका थी। जब हत्याओं और लाशों के अंबार लगना कम नहीं हुआ, तो अधिकारियों ने सारे राहत कार्य बंद कर दिए। सिस्टर टेरेसा और उनके साथ वहां रहनेवाली 300 लड़कियों के लिए खाने को कुछ भी नहीं था। 16 अगस्त को शरीर पर मोटे काले हैबिट, सिर पर सफेद कोइफ पहने और चेहरे पर नकाब डाले इस युवा नन ने अपनी शिष्याओं के खाने का इंतजाम करने के लिए अपने अहाते की सुरक्षा से निकलकर बाहर जाने का निश्चय किया। "जब मैंने बाहर सड़क पर कदम रखा तब जाकर मुझे एहसास हुआ कि मौत हमारे कितने करीब है। चारों ओर मरे या अधमरे लोग पड़े थे। उन्हें पीट-पीटकर या चाकू घोंपकर अपने ही रिसते खून में लथपथ, मरने के लिए छोड़ दिया गया था।" सिस्टर टेरेसा नें लौटकर बताया। शहर के ऊपर गिद्ध मंडरा रहे थे और लोगों की चीख-पुकार और विस्फोटों की आवाजें गूंज रही थीं। इन सबके बीच भी सिस्टर टेरेसा ने लड़कियों के लिए थोड़ा-सा चावल जुटा ही लिया। परंतु उस हत्याकांड और नफरत की यादें उनके दिल से कभी नहीं मिटीं।

अंतरात्मा की आवाज

सिस्टर टेरेसा और दूसरी ननें 10 सितंबर, 1946 के दिन अपने वार्षिक एकांतवास के लिए दार्जिलिंग रवाना हुईं। 'अगर मुझे गरीबों की मदद करना है, तो मुझे कान्वेंट छोड़ ही देना चाहिए,' युवा नन ने सोचा। जब तक वह धनवान घरों की लड़कियों को पढ़ाने में ही समय बिताती रहेंगी, तब तक गरीबों की मदद के लिए समय कहां बचेगा?

सिस्टर टेरेसा ने अपने मन की बात फादर जूलियन हेनरी को बताई, "फादर, जब मैं दार्जिलिंग जानेवाली ट्रेन में थी तब मैंने ईश्वर की आवाज सुनी।" "क्या सच में?" उन्होंने पूछा, "इतने शोर-शराबे के बावजूद? तुम निश्चित रूप से कैसे कह सकती हो कि यह उसी की आवाज थी?"

"मुझे पक्का विश्वास है।"

अंतरात्मा की आवाज से प्रेरित होकर सिस्टर टेरेसा अपने परामर्शदाता फादर वान एक्जेम के पास गईं। उन्हें महसूस हो रहा था कि उन्हें धर्मसंघ छोड़कर एक नई शुरूआत करनी ही पड़ेगी। जाहिर था कि कलकत्ता के आर्चबिशप पेरियर इससे परेशान होते। कोई दैवीय प्रेरणा हो न हो, वेटिकन स्वयं का अपना धर्मसंघ बनाने की इच्छुक ननों को अधिक प्रोत्साहित नहीं करना चाहता था। वह नहीं चाहता था कि एक अकेली नन कलकत्ता की सड़कों पर यूं भटकती फिरे।

फरवरी 1948 में आर्चबिशप ने सिस्टर टेरेसा का निवेदन वेटिकन प्रेषित करने के लिए प्रेरितिक वेटिकन-राजदूत को दिल्ली भेज दिया। करीब पांच महीनों बाद जो हुआ वह कल्पनातीत था! उन्हें कान्वेंट के अहाते के बाहर जाकर काम करने की अनुमति दे दी गई थी।

सिस्टर टेरेसा ने 1948 के अगस्त माह में कान्वेंट छोड़ दिया। करीब बीस वर्षों तक उनका घर रहे लोरेटो हाउस को अलविदा कहना उनके लिए कष्टप्रद था। "...मेरे लिए यह धार्मिक जीवन में प्रवेश के लिए अपने परिवार और अपने देश को छोड़ने से भी अधिक कठिन था। लोरेटो मेरा सबकुछ था," सिस्टर टेरेसा ने फादर हेनरी को मन की बात बताई।

लोरेटो हाउस छोड़ने के बाद नर्सिंग की बुनियादी शिक्षा प्राप्त करने पटना की मेडिकल मिशन सिस्टर्स के पास आ गईं। वहां उन्होंने इंजेक्शन लगाने और प्रसूति में मदद करने जैसे बुनियादी काम सीखे।

यहीं उन्होंने अपनी दीर्घकाल तक पहनी भारी-भरकम यूरोपीय पोशाक को त्यागने का निश्चय किया। उन्होंने तीन नीली किनारीवाली सस्ती श्वेत साड़ी (जैसी गरीब बंगाली स्त्रियां पहनती थीं) अपनाई। यही साड़ी बाद में मिशनरीज आफ चेरिटी की वर्दी के रूप में जगत-विख्यात हुई। उसी वर्ष दिसंबर में नए सिरे से जीवन का आरंभ करने के लिए सिस्टर टेरेसा अकेले कलकत्ता लौट आईं। कुछ दिन तक वह लिटिल सिस्टर्स आफ पुअर्स के साथ रहीं और सेंट जोसफ्स होम में रह रहे लोगों की देखभाल करती रहीं।

अपने पुराने कान्वेंट के सामने स्थित मोतीझील जाकर सिस्टर टेरेसा ने कुछ बच्चों को एकत्र किया। वहां डेस्क, ब्लैकबोर्ड या किताबों में से कुछ भी नहीं था। उन्हें तो बस एक लंबी लकड़ी की जरूरत थी जिससे उन्होंने मिट्टी में वर्णमाला के अक्षर लिखे। दिन में वह अपने नए विद्यार्थियों को स्वच्छता और ईश्वर के बारे में बतातीं और रात में सिस्टर टेरेसा घर के कामों में मदद करने या किसी बीमार बच्चे की देखभाल करने झुग्गी-झोंपड़ी बस्तियों में चली जातीं। वह थोड़ी ही देर सोतीं। ईश्वर पर उनकी अटूट आस्था कभी टूटी नहीं। गरीबों की जरूरतों को समझने के लिए उन्हें एक ही रास्ता पता था, और वह था उनमें घुलमिल जाना और उनका विश्वास जीतने का एक ही मार्ग था, उनमें से एक बन जाना।

फरवरी 1949 में सिस्टर टेरेसा 14 क्रीक लेन के तीन मंजिले उपनिवेशीय भवन की दूसरी मंजिल के एक कमरे में रहने आ गईं। उनके मेजबान एक रोमन कैथलिक माइकल गोम्स थे। चारूर मां नाम की विधवा जो पहले सेंट मेरीज में रसोई बनाती थी, इस नए घर में सिस्टर टेरेसा के साथ रहने आ गई और जीवनभर साथ रही। मोतीझील की एक झोंपड़ी सिस्टर टेरेसा का अध्यापन कक्ष बना। नन के इस पथ प्रदर्शक कार्य से खलबली मच गई। कुछ लोगों ने जिनमें

कुछ रोमन कैथलिक पादरी भी थे, उन्हें पागल कहा। कुछ अन्य लोगों ने उन्हें उपहार भेजे। सिस्टर टेरेसा को अपना प्रयास जारी रखने के लिए चंदे की जरूरत महसूस हुई।

मिशनरीज आफ चेरिटी

कुछ ही हफ्तों में सिस्टर टेरेसा की नवशिष्याएं भी उनका हाथ बंटाने आ गईं। इनमें से अधिकतर उनकी पुरानी छात्राएं थीं। उन सबकी सिस्टर टेरेसा पर गहरी श्रद्धा थी। कुछ नवशिष्याओं ने सिस्टर के साथ काम करने के लिए अपनी अंतिम वार्षिक परीक्षाओं के पहले ही स्कूल छोड़ दिया। इससे इन लड़कियों के माता-पिता बहुत परेशान हो गए। "नहीं, नहीं," सिस्टर टेरेसा ने जोर दिया, "परीक्षाएं तो बाद में भी दे सकती हो। तुम जितनी जल्दी मेरे साथ आ जाओ उतना ही अच्छा होगा।"

नन की ऊर्जस्विता और सक्रियता से प्रेरित होकर लड़कियों ने अपने माता-पिता की बात नहीं मानी और धर्मसंघ में शामिल हो गईं। जो लड़कियां अपनी शिक्षा पूरी करना चाहती थीं उन्हें सिस्टर टेरेसा ने परीक्षा की तैयारी भी करवाई। सिस्टर गरट्यूड (पहले मेगडालेन) को चिकित्साशास्त्र का पाठ्यक्रम पूरा करने के लिए प्रोत्साहित भी किया गया। वह मिशनरीज आफ चेरिटी की पहली डाक्टर बनीं। सिस्टर डोरोथी और सिस्टर मार्गरिट मेरी नाम की दो और सिस्टर्स भी धर्मसंघ में शामिल हो गईं।

सन 1949 में सिस्टर टेरेसा को भारतीय नागरिकता प्रदान की गई। अब उन्होंने स्वयं का धर्मसंघ-मिशनरीज आफ चेरिटी बनाने की अनुमति दिए जाने के लिए वेटिकन के पास अपना आवेदन भेजा। मिशनरीज आफ चेरिटी अपनी शपथ के कारण अन्य समूहों से भिन्न

था। वह शपथ थी 'गरीब से भी गरीब की हार्दिक और निशुल्क सेवा करना'। यह शपथ उनके संविधान का हिस्सा थी। सिस्टर टेरेसा की ननें गरीब से भी गरीब व्यक्ति के रूप में कष्ट भोग रहे ईसामसीह की सेवा करने के लिए सदा तत्पर रहती थीं। ये सिस्टर्स कलकत्ता में देखभाल के अभाव में मर रहे बच्चों और लोगों की सेवा करने में लगी रहतीं। सिस्टर टेरेसा ने गरीबों का पेट भरने का रास्ता निकाल ही लिया। उन्होंने पैरिश में रहनेवालों से कहा कि वे बचा हुआ खाना फेंकें नहीं ताकि वह उससे भूखों का पेट भर सकें।

मदर टेरेसा

सिस्टर टेरेसा के लोरेटो छोड़ने के दो वर्ष बाद, 7 अक्टूबर, 1950 को, पोप पायस XII ने मिशनरीज आफ चेरिटी धर्मसंघ स्थापित करने की स्वीकृति दे दी।

धर्मसंघ की सिस्टर्स ने वचन दिया कि संसारभर के शहरों और गांवों में जाकर गंदे से गंदे प्रतिवेश में से भी अत्यंत गरीब, परित्यक्त, मर रहे, निराश, भटके हुए, जातिबहिष्कृत लोगों को खोजकर उनकी देखभाल करेंगी, उनकी मदद करेंगी, कष्ट झेलकर भी उनके पास जाएंगी और उनके प्रति प्रभु यीशु के प्रेम को जीएंगी...ऐसे तमाम लोगों में वह अपने स्वयं के ईश्वर को दुखद वेश में देखतीं।

मदर टेरेसा की आरंभिक और शायद अद्वितीय सफलता थी उनका अनाथालय 'निर्मल हृदय', जहां गरीब और बेघर लोग गरिमापूर्वक मर सकते थे। इस होम की स्थापना के पीछे एक हृदय-विदारक कहानी है।

एक दिन मदर टेरेसा ने फुटपाथ पर एक स्त्री को मरणासन्न अवस्था में देखा। चूहे और तिलचट्टे उसके पैरों को कुतर रहे थे। मदर

टेरेसा उसे लेकर एक अस्पताल से दूसरे अस्पताल भटकती रहीं ताकि उस स्त्री के लिए बिस्तर और देखभाल की व्यवस्था हो जाए। उन्होंने धमकी भी दी कि जब तक उस बीमार स्त्री को बिस्तर नहीं दिया जाता तब तक वह वहां से टलेंगी नहीं। लेकिन सभी अस्पतालों में या तो भारी भीड़ थी या फिर वे इस झंझट में पड़ना ही नहीं चाहते थे। किसी के पास भी ऐसे रोगी के लिए जो जल्दी ही मरनेवाला था, न तो समय था और न ही एक बिस्तर था। वह असहाय स्त्री सड़क पर ही मर गई।

मदर टेरेसा ने कलकत्ता नगर निगम को लिखा कि वह ऐसे लोगों के लिए एक अनाथालय बनाना चाहती हैं जहां वे 'गरिमा और प्रेम से साथ' अंतिम सांस ले सकें। इस पर नगर निगम ने उन्हें जो जगह बताई वह कालीघाट के नजदीक मां काली के मंदिर के पास एक टूटी-फूटी धर्मशाला थी। यह उस समय गंदगी और दुराचार का अड्डा बनी हुई थी और उस पर गुंडों ने कब्जा कर रखा था। मदर टेरेसा ने तुरंत हां कर ली। आखिरकार शहर के निराश्रित लोग मरने को कालीघाट ही जानेवाले हैं। 22 अगस्त, 1952 को 'निर्मल हृदय' का उद्‌घाटन हुआ। यह दिवस मेरी के निर्मल हृदय को समर्पित था।

कालीघाट के ब्राह्मण पुजारियों को इस नन और इसके इरादों पर शक था। उन पुजारियों में से ही एक युवा पुजारी को टी.बी. हो गई। मदर टेरेसा ने उसकी पूरे मनोयोग से सेवा-सुश्रुषा की। उन्होंने सबका दिल जीत लिया।

सन 1955 में 'शिशु भवन' का उद्‌घाटन हुआ। इसमें उन्होंने घर से भागे, अनाथ और बीमार बच्चों को रखा। प्रति बालक 33 रुपए का सरकारी अनुदान ईश्वर का वरदान साबित हुआ। लेकिन कुछ ही महीनों बाद मदर टेरेसा ने अनुदान लेने से मना कर दिया। वह हर बच्चे पर केवल 17 रुपए खर्च करना चाहती थी जिससे अधिक बच्चों

की देखभाल की जा सके, मगर सरकार चाहती थी कि हर बच्चे पर पूरे 33 रुपए खर्च किए जाएं। उनकी निंदा करनेवाले उनके इस व्यवहार को हमेशा उनके खिलाफ प्रयुक्त करते थे। उन्हें हमेशा अपनी शर्तों पर ही सहायता क्यों चाहिए? अपने संसाधनों को इतना कम करके वितरित करने का क्या तुक कि जिससे वे किसी की भी मदद न कर सकें। मदर टेरेसा यही जवाब देतीं, "ऐसे बहुत सारे लोग हैं जिन्हें मदद की जरूरत है!" मदर टेरेसा ने 1956 में ऐसे लोगों के लिए जिन्हें चिकित्सकीय सहायता नहीं मिल पाती थी पहला सचल चिकित्सालय बनाया।

पथ्यापथ्य के कड़े नियम

सिस्टर के पथ्यापथ्य के नियम काफी कड़े थे। उनका दिन प्रातः साढ़े चार बजे शुरू होता था। एक घंटे बाद खस्तयाग (मास) और प्रवचन के पश्चात वे चाय और रोटी का नाश्ता करके साफ-सफाई करते। सुबह के बाकी समय में वे गरीबों और जरूरतमंदों की सेवा करते। मध्याह्न के कुछ बाद सिस्टर्स भोजन करने मदरहाउस आतीं। भोजन करके वे बरतन साफ करतीं और पिछले दिन की अपनी साड़ियां धोतीं। जरा-सी नींद लेकर प्रार्थना करने के बाद दो बजे तक वे फिर से अपना काम संभालने चली जातीं। छह बजे वे वापस होम आ जातीं। ब्यालू करने से पहले वे थोड़ा समय चैपल में पढ़ने या चिंतन-मनन और प्रार्थना में बितातीं। दिन की समाप्ति के बाद सिस्टर्स रात्रि की प्रार्थना करने फिर एक बार चैपल जातीं। दस बजे तक वे सो जातीं। सिस्टर टेरेसा ने एक नियम बना दिया कि प्रत्येक सिस्टर बारी-बारी से रात में शिशु भवन जाकर देखभाल करेगी। उन्होंने यह भी सुनिश्चित कर दिया कि सिस्टर्स गरीबों के लिए जो

कार्य करती हैं उससे उनकी पढ़ाई में कोई बाधा न आने पाए। स्वयं सिस्टर सुबह चार बजे उठ जाती और अन्य सिस्टर्स के सो जाने के काफी देर बाद सोतीं, क्योंकि उन्हें आई हुई चिट्ठियों को पढ़ना और उनका उत्तर भी भेजना पड़ता था।

बृहस्पतिवार को कलकत्ता की नवशिष्याएं चिकित्सालयों और स्कूलों को संभालती ताकि सिस्टर्स होम में ही रूककर पढ़ाई, साड़ियों को रफू और कान्वेंट की साफ-सफाई या चिंतन-मनन कर सकें। ये नवशिष्याएं सफेद साड़ी पहनती थीं, किंतु उनमें तीन नीली धारियां नहीं होती थीं। दो वर्ष के बाद वे अपने प्रथम व्रत ग्रहण करतीं, इसके बाद उन्हें तीन नीली धारियोंवाली साड़ियां दी जातीं। चौथे और पांचवे वर्ष के बाद वे फिर अपने व्रतों को दोहरातीं। पूरी तरह से सिस्टर आफ चेरिटी बनने में उन्हें करीब नौ वर्ष लग जाते। मिशनरीज आफ चेरिटी ने अब मरणासन्न लोगों के लिए एक होम बनाया, बच्चों के लिए भी एक प्रार्थनागृह बनाया, कई चलते-फिरते चिकित्सालय और स्कूल खोले।

भारत में बहुत सारे लोग कुष्ठ रोग से ग्रस्त थे; कलकत्ता भी इससे बचा नहीं था। कलकत्ता का कुष्ठ रोग चिकित्सालय काफी पहले बंद हो चुका था। शहर के 30,000 कुष्ठ रोगियों के लिए अब कोई चिकित्सकीय सुविधा उपलब्ध नहीं थी। अब भी भय और घृणित दृष्टि से देखे जानेवाले कुष्ठ रोगियों के लिए कुछ नहीं बदला था। वे जैसे अंध-युग में जी रहे थे। मदर टेरेसा ने दवाइयों और खाने की चीजों के साथ ही एक वैन का भी जुगाड़ कर लिया जिसमें छह लोग जा सकते थे। यही कुष्ठ रोगियों का चलता-फिरता चिकित्सालय बना। रोज यह अलग-अलग जिलों के चक्कर लगाता था। शहर में आठ कुष्ठ चिकित्सा केंद्र थे और अपनी चमकदार नीले रंग की वैन में सिस्टर्स वहां जाया करतीं थीं।

धन का बंदोबस्त

मदर टेरेसा को कभी यह चिंता नहीं रही कि उनके काम के लिए धन कहां से आएगा। 1960 में मदर टेरेसा पचास वर्ष की हो गईं। इसके तुरंत बाद वह अमरीका, यूनाइटेड किंगडम और यूरोप की यात्रा पर रवाना हो गईं। तीस वर्षों में वह पहली बार भारत के बाहर गईं और एक ऐसे स्थान पर जा पहुंची जिसके बारे में कोई सोच भी नहीं सकता था–वह स्थान था विश्वभर में जुआघरों के लिए प्रसिद्ध, लास वेगास। उनके वहां जाने का उद्देश्य था मिशनरीज आफ चेरिटी, जिसके अब 119 सदस्य थे, के कार्यों के लिए समर्थन और धन की व्यवस्था करना।

इसी यात्रा के दौरान मदर टेरेसा की अपने भाई लाजार से मुलाकात हुई जो 1939 में अल्बानिया पर इतालवी कब्जे के बाद इतालवी सेना में चला गया था। वह मां और बहन से कभी नहीं मिल सकीं। वे अब भी अल्बानिया की राजधानी तिराना में रहते थे। इस साम्यवादी, नास्तिक राज्य की सीमाएं सील कर दी गई थीं। मदर टेरेसा के पास उपहार आते ही रहते थे। जब 1964 में पोप भारत आए तो उन्होंने मदर टेरेसा को एक रोल्सरायस भेंट की। मदर टेरेसा को कलकत्ता की सड़कों पर कार में बैठकर जाते देखने की कोई कल्पना भी नहीं कर सकता था। वह इसे बेच भी सकती थीं मगर उन्होंने तो इसे नीलाम कर दिया और काफी धन कमाया!

इस बीच, 1963 में कलकत्ता में मिशनरी ब्रदर्स आफ चेरिटी के नाम से मिशनरीज की एक पुरुष शाखा स्थापित की गई। ब्रदर एंड्रयू के नेतृत्व में मिशनरी ब्रदर्स ने टीटागढ़ में कुष्ठ केंद्र का काम संभाल लिया। इस केंद्र को 2 अक्टूबर, 1975 को 'गांधीजी प्रेम निवास' नाम दिया गया।

जुलाई 1965 में भारत के बाहर वेनेजुएला में कोकोरोट में पहला मिशनरीज चेरिटी होम बनाया गया। अगले कुछ सालों में विश्व के अलग-अलग हिस्सों में होम खोले गए; दिसंबर 1967 में कोलंबो, अगस्त 1968 में रोम की झुग्गी-झोंपड़ी बस्तियों में और सितंबर 1968 में तंजानिया में। उसी वर्ष मिशनरियों ने आस्ट्रेलिया में बर्क में आदिम जातियों के लिए एक केंद्र खोला।

वर्ष 1971 भारतीय उप महाद्वीप के लिए काल वर्ष साबित हुआ। पूर्वी पाकिस्तान में चक्रवात के कारण आपातस्थिति के साथ ही आई ज्वारीय लहर में तीन लाख से भी अधिक लोग बह गए। यह क्षेत्र अभी चक्रवात के विनाश के बाद संभल ही रहा था कि गृहयुद्ध भड़क उठा। लाखों शरणार्थी भारत आ गए। पश्चिमी पाकिस्तान ने युद्ध के दौरान जो पाशिवकता की उससे बचने के लिए ये लोग पहले से ही बहुत अधिक भीड़भाड़वाले कलकत्ता में घुस आए।

प्रधानमंत्री इन्दिरा गांधी ने उन्हें वापस भेजने से मना कर दिया। उन्होंने कहा कि स्थिति से निपटने के लिए वह हर संभव प्रयास करेंगी। उन्हें आने देने के लिए मदर टेरेसा ने प्रधानमंत्री की प्रशंसा करते हुए कहा, उन्होंने ईसामसीह के जैसा कार्य किया है।

परिस्थिति दिन-ब-दिन खराब होती जा रही थी। कुछ भाग्यशाली लोग नालों के पाइपों में ही रहने लगे। साल्ट लेक के शिविरों में हैजा, पेचिश और चेचक फैल गया। विश्वभर से स्वयंसेवी सहायता संस्थाओं ने इस आपातस्थिति में मदद करने के लिए अपने दल भेजे। ये खाने का सामान, दवाइयां, तिरपाल, घर बनाने का सामान, रेल की पटरियां और मजदूर भी अपने साथ लाए।

मिशनरीज आफ चेरिटी ने गंदगीवाले कामों का जिम्मा लिया। उन्होंने अस्पतालों के टेंटों की सफाई और बीमार एवं मरणासन्न लोगों की खूब सेवा की।

सम्मान

गरीबों के लिए सर्वोत्कृष्ट कार्य के लिए 1962 में भारत के प्रधानमंत्री ने मदर टेरेसा को पद्मश्री सम्मान से अलंकृत किया। मिशनरीज आफ चेरिटी को अब अतंर्राष्ट्रीय पहचान भी मिलने लगी थी। पद्मश्री के बाद, सामुदायिक नेतृत्व के लिए उन्हें रेमन मेगसायसाय पुरस्कार से सम्मानित किया गया। अंतर्राष्ट्रीय मेल-मिलाप के लिए भारत सरकार ने नवंबर 1972 में मदर टेरेसा को जवाहरलाल नेहरू पुरस्कार प्रदान किया। धर्म को प्रोत्साहित करने के लिए अप्रैल 1973 में प्रथम टेंपलटन पुरस्कार लेने वह लंदन गईं। यह पुरस्कार उन्हें प्रिंस फिलीप के हाथों प्रदान किया गया। 1975 में मदर टेरेसा को अल्बर्ट श्वाइत्जर इंटरनेशनल पुरस्कार प्रदान किया गया। सन 1979 में मदर टेरेसा को नोबेल शांति पुरस्कार से सम्मानित किया गया।

अपने धर्मसंघ की वही एक डालरवाली सफेद साड़ी पहने, निम्नतर लोगों की इस संत ने 'अवांछित, प्रेमहीन और उपेक्षित' लोगों के नाम पर नोबेल पुरस्कार ग्रहण किया। नोबेल पुरस्कार ग्रहण करते समय उन्होंने कहा, "मैं ईश्वर से तो प्रेम करता हूं मगर अपने पड़ोसी से नहीं करता यह कहना ठीक नहीं है...अगर उस पड़ोसी से, जिसे आप देख सकते हैं, स्पर्श कर सकते हैं और जिसके पड़ोस में रहते हैं, प्रेम नहीं कर सकते, तो फिर आप उस ईश्वर से जिसे आप देख नहीं सकते कैसे प्रेम कर सकते हैं?"

'सिटी आफ जाय' में आनंद की लहर दौड़ गई। पूरे छह दशकों बाद नोबेल पुरस्कार कलकत्ता आया था।

उसके बाद, 1980 में मदर टेरेसा को सर्वोच्च नागरिक पुरस्कार, भारत रत्न प्रदान किया गया। सन 1983 में, महारानी एलिजाबेथ द्वितीय ने मदर टेरेसा को आर्डर आफ मेरिट प्रदान किया।

सन 1988 तक सिस्टर्स और ब्रदर्स के भारत में 190 और 72 देशों में 225 हाउस हो गए। इसके बाद भी प्रत्येक वर्ष और भी हाउस जुड़ते गए। इस महान व्यक्तित्व के नजदीक रहने और मिशनरियों के प्रयासों में योगदान देने के लिए लड़कियों और युवतियों का सैलाब उमड़ रहा था। जाहिर है, उन सबसे मिलने और उनके कार्य की देख-रेख के लिए उन्हें विश्वभर में हवाई यात्रा करनी पड़ती थी।

मदर टेरेसा पर काम का बोझ बढ़ गया था क्योंकि उन्हें अपने काम का बोझ दूसरे पर डालना पसंद नहीं था। राजनीतिकों और बड़े से बड़े व्यवसायी से लेकर अत्यंत गरीब लोगों का एक अविरत प्रवाह मदरहाउस में आता रहता था। स्वाभाविक ही था कि धनवान और महत्त्वपूर्ण लोग इस जगप्रसिद्ध नन के साथ फोटो खिंचवाना चाहते। मदर टेरेसा चालाकी से इसका फायदा उठा लेतीं। उनमें एक विशेष बात थी कि वह मांगने में हिचकिचाती नहीं थीं। वह सबसे समान व्यवहार करती थीं फिर चाहे वह कितनी ही ऊंची हैसियतवाला या शक्तिशाली हो अथवा निम्नतर स्तर का हो।

उम्र के साथ-साथ मदर टेरेसा की कार्यक्षमता भी जैसे बढ़ती जा रही थी। जब लेबनान में युद्ध छिड़ा तो मिशनरीज आफ चेरिटी के लोग वहां भी मौजूद थे।

युद्ध में ध्वंस्त बेरूत मदर टेरेसा के दृढ़निश्चय का साक्षी बना। पश्चिमी बेरूत में एक शरणार्थी शिविर के पागलखाने में भूख से तड़प रहे सैंतीस बच्चे असहाय छोड़ दिए गए थे। शहर में छुपे फिलीस्तीनी गुरिल्लाओं को बाहर निकालने के लिए इजरायली सेना दिन-रात बम बरसा रही थी। मदर टेरेसा ने अद्भुत साहस दिखाते हुए उन बच्चों को बाहर निकालकर रेडक्रास के काफिले में पूर्वी बेरूत में अपेक्षाकृत सुरक्षित स्थान पर पहुंचा दिया।

यूनियन कारबाइड के भोपाल संयत्र से निकली मारक गैस (1984 में) अभी हवा में से पूरी तरह गायब भी नहीं हुई थी कि मदर टेरेसा हवाईजहाज से भोपाल जा पहुंचीं।

"मुझे माफ करना," उन्होंने गैस त्रासदी के शिकार लोगों के शोकसंतप्त रिश्तेदारों से कहा, "मुझे माफ कर देना। मैं उन लोगों को जिन्हें इस भयानक त्रासदी में सबसे ज्यादा जरूरत है अपना प्रेम देने और देखभाल करने आई हूं," मरीजों से भरे अस्पतालों का दौरा करते समय उन्होंने कहा।

बिगड़ता स्वास्थ्य

अपने जन्मस्थान लौटने की अनुमति के लिए अल्बानिया सरकार से बीस सालों से चल रहा मदर टेरेसा का संघर्ष 1989 में तब जाकर खत्म हुआ जब नए नेता रमीज आलिया ने उन्हें अपने घर लौटने का निमंत्रण दिया। तानाशाह एन्वर होक्शा की मृत्यु चार वर्ष पहले हो गई थी। एग्नेस के माता-पिता की भी मृत्यु हो चुकी थी। वह उनकी कब्रों पर श्रद्धांजलि ही दे पाईं।

मदर टेरेसा जैसी शख्सियत के बारे में विवाद उठें यह स्वाभाविक ही है। गर्भपात और तलाक के विरुद्ध उनके विचारों के लिए काफी समय से उनकी आलोचना होती रही है। 'हेल्स एंजेलः मदर टेरेसा आफ कलकत्ता' शीर्षक से बी. बी. सी. की एक टेलीबिजन डाक्यूमेंट्री में संदिग्ध स्रोतों से अपने कार्य हेतु धन लेने के लिए मदर को अपना निशाना बनाया गया।

"कौन क्या कहता है उससे हमें क्या लेना-देना, मुस्कराकर इसे स्वीकार करो और काम करते जाओ," मदर की प्रतिक्रिया थी।

बढ़ती आयु और अत्यधिक परिश्रम ने आखिर अपना असर दिखा

ही दिया। सितंबर 1989 में मदर टेरेसा को दिल का घातक दौरा पड़ा। 1990 में उनके हृदय का बायपास आपरेशन करना पड़ा। दो वर्ष बाद, जब उन्हें बेक्टेरियल न्यूमोनिया हो गया तब उन्हें केलिफोर्निया के ला जोला के जानेमाने स्क्रिप्स क्लिनिक एंड रिसर्च फाउंडेशन में भर्ती करना पड़ा। वहां से जैसे ही उन्हें छुट्टी मिली, वह फिर से अपनी दिनचर्या में लौट आईं। स्वास्थ खराब हो या न हो, वह नित नए संकटों से जूझती रहीं।

सन 1993 में जब मदर टेरेसा रोम में थी तब वह गिर पड़ीं और उनकी पसलियां टूट गईं।

मिशनरीज आफ चेरिटी को अब स्पष्ट दिखने लगा था कि नेटवर्क के प्रबंधन का बोझ वह अब और नहीं उठा पाएंगी। कलकत्ता की झोंपड़ियों से लेकर ब्रोंक्स के घेटोज तक, वे अब सौ से भी अधिक देशों में 517 मिशन चला रहे थे। 13 मार्च, 1997 को ननों ने सिस्टर निर्मला को नया सुपिरियर जनरल बनाने का फैसला किया। मदर टेरेसा धर्मसंघ की प्रमुख और आध्यात्मिक मार्गदर्शक बनी रहेंगी।

मदर टेरेसा ने 5 सितंबर, 1997 की सुबह सीने में दर्द की शिकायत की। वर्षों से उनके निजी डाक्टर रहे डा. अशिम बर्धन कुछ कर नहीं पा रहे थे। उसी शाम डा. अल्फ्रेड वुडवर्ड को बुलाया गया। लेकिन वह भी कुछ कर नहीं सके। सत्तासी सालों से धड़क रहा उनका दिल अब तेजी से डूबने लगा था। उसी रात 9.30 बजे मदर टेरेसा का देहांत हो गया।

कृतज्ञ सरकार ने पूरे राजकीय सम्मान से मदर टेरेसा का अंतिम संस्कार करने की घोषणा की। लाखों शोकाकुल लोगों ने, जिनमें दूर-पास के सभी अमीर-गरीब थे, इस नाजुक-सी नन को, जिसने भारत और कलकत्ता को अपना घर बनाया था, अपने श्रद्धा सुमन अर्पित किए। वेटिकलन सेक्रेटरी आफ स्टेट, कार्डिनल एंजेलो सोडानो ने

कहा, "कलकत्ता की मदर टेरेसा ने गास्पेल आफ लव को भलीभांति आत्मसात् किया। उन्होंने अपनी अदम्य आत्मा के कण-कण में और अपने नाजुक शरीर की संपूर्ण ऊर्जस्विता से इसे आत्मसात किया। उन्होंने पूरे दिल और रोजाना अपने हाथों के कठोर परिश्रम से इसका पालन किया।"

वेटिकन द्वारा 19 अक्टूबर, 2003 को मदर टेरेसा की धन्य-घोषणा (बिऐटिफिकेन), 'कुसुमकली' (फ्लावर बड) आख्यान का एक और अध्याय भर था। जब भी उन्हें संत घोषित किया जाएगा, संत टेरेसा अभिमंत्रितों की श्रेणी में आ जाएंगी। वह सच्ची कर्मयोगिनी थीं।

फ्रांस के राष्ट्रपति जाक शिराक ने अपने शोक संदेश में जो कहा उससे बेहतर बात और कोई कह ही नहीं सकता था। उन्होंने कहा था– "आज की शाम संसार में प्रेम कम है, संवेदना कम है, रोशनी कम है।"

बाबा आमटे

वेदभ्यास कुंडू

"मुझे कभी किसी भी चीज से भय नहीं लगा। चूंकि मैं एक भारतीय महिला की इज्जत बचाने के लिए ब्रिटिश टामियों से जूझा था, महात्मा गांधी ने मुझे 'अभय साधक' का खिताब दे डाला था जिसका अर्थ था सत्य का निडर जिज्ञासु। जब वरोरा सफाई कर्मचारियों ने मुझे नालियां साफ करने की चुनौती दी, तो मैंने यह भी कर दिखाया। किंतु वही व्यक्ति जिसने गुंडों और ब्रिटिश डाकुओं का मुकाबला किया, तुलशीराम की जिंदा लाश को देखकर डर से कांपने लगा था। उस जिंदा लाश की उंगलियां नहीं थीं और वह नग्न पड़ा था। उसके पूरे शरीर में कीड़े पड़ गए थे। यही वह कारण था जो मैंने कुष्ठ रोग के क्षेत्र में काम करने का इरादा किया। यह किसी की मदद करने के लिए नहीं, बल्कि अपने जीवन से डर को निकाल फेंकने के लिए किया था। इससे दूसरों का भला हुआ यह और बात है। लेकिन सच तो यही है कि मैं डर पर विजय पाना चाहता था।"

बाबा आमटे

(कुष्ठ रोग से कष्ट पा रहे लोगों की भलाई के लिए अपना जीवन समर्पित करने के निर्णय पर उनके विचार)

बाबा आमटे

जीवित महान गांधीवादियों में से एक, बाबा आमटे ने आनंदवन की स्थापना करके हजारों कुष्ठ रोगियों के जीवन में क्रांतिकारी परिवर्तन कर दिया। उन्होंने ऐसे समय अपना कार्य शुरू किया जब कुष्ठ रोगियों को समाज से बहिष्कृत कर दिया जाता था। उन्होंने इन रोगियों को जीने और जिंदगी से प्यार करने का एक कारण दिया।

'दान नष्ट करता है, कर्म निर्माण करता है' के दर्शन पर चलनेवाले बाबा आमटे ने रोगियों को सामाजिक-आर्थिक प्रतिष्ठा दी, जिसके बारे में पहले वे कभी सोच भी नहीं सकते थे। उनका गहरा विश्वास था कि मनुष्य उंगलियों के बगैर जी सकता है मगर आत्मसम्मान के बिना नहीं रह सकता, इसलिए बाबा आमटे ने यह सुनिश्चित करने के लिए कि कुष्ठ रोगी समाज में सार्थक योगदान करें, कई रचनात्मक उद्योग शुरू किए।

आरंभिक जीवन

बाबा आमटे का असली नाम है मुरलीधर देवीदास आमटे। उनका जन्म 26 दिसंबर, 1914 को महाराष्ट्र में वर्धा जिले के हिंगनघाट में

हुआ था। उनके पिता का नाम देवीदास आमटे और माता का नाम लक्ष्मीबाई आमटे था। वह एक संपन्न ब्राह्मण परिवार के सबसे बड़े पुत्र थे। इस परिवार की वर्धा के पास गोरज गांव में करीब 450 एकड़ भूमि थी। समृद्ध होने के कारण देवीदास नहीं चाहते थे कि उनका कोई बच्चा गरीब और निम्न जाति के लोगों से मिलेजुले।

किंतु बचपन से ही मुरलीधर में गरीबों और दलितों की सेवा करने का उत्साह नजर आने लगा था। मुरलीधर छह वर्ष की आयु से ही घर में काम करनेवाले हरिजन नौकर-चाकरों के साथ भोजन करने की जिद करते थे। उन दिनों सामाजिक ढांचे अत्यंत कठोर थे और उनके इस काम को सामाजिक दायरों का गंभीर उल्लंघन समझा जाता था। जब वह बड़े हुए तो उन्होंने परिवार के कुएं को हरिजनों के लिए खोल दिया। इससे पूर्व उन्हें इस कुएं से पानी लेने पर पाबंदी थी।

प्रभाव

दूसरों के लिए उनकी चिंता को उनके आरंभिक जीवन की एक घटना से समझा जा सकता है। एक बार दिवाली में उनकी मां ने उन्हें पटाखे खरीदने को पैसे दिए। पटाखों की दुकान की ओर जाते हुए रास्ते में उन्होंने एक दृष्टिहीन व्यक्ति को भीख मांगते देखा। वह रास्ते पर आने-जानेवाले लोगों से कुछ पैसे दान करने की याचना कर रहा था। उस भिखारी की दशा देखकर मुरलीधर की आंखों में आंसू भर आए। उन्होंने जेब में रखे सारे पैसे भिखारी के कटोरे में डाल दिए। भिखारी ने सोचा कि किसी ने कंकड़ डाल दिए हैं। लेकिन जब उसने जाना कि ये सिक्के हैं तो उसका चेहरा खुशी से भर उठा। भिखारी की इस प्रतिक्रिया ने बालक के मन पर गहरी छाप छोड़ी। उनके पिता जब सरकारी नौकरी से सेवानिवृत्त हुए, तो मुरलीधर को

रामकृष्ण मिशन स्कूल में भर्ती कर दिया गया और जब उनका परिवार नागपुर में बस गया तब वह मोरिस एंड हिसलोप कालेज में पढ़ने लगे। वह डाक्टर बनना चाहते थे लेकिन उनके पिता ने जोर दिया कि वह वकील बनें। इसलिए 1934 में बी.ए. करने के बाद उन्होंने गवर्नमेंट ला स्कूल में दाखिला ले लिया, जहां से 1936 में कानून की डिग्री हासिल की।

जब कालेज में थे तब मुरलीधर बड़े शाहखर्च थे। जब वह स्कूल में थे तब भी कार उन्हें छोड़ने आती थी। जब वह ड्राइविंग करने लायक हो गए तो उनके पिता ने उनको सिंगर स्पोर्ट कार खरीद दी। मुरलीधर को घुड़सवारी, शिकार, कुश्ती लड़ना और कार रेसिंग पसंद थे। कविता करना उनका शौक था। वह एक फिल्मी पत्रिका 'द पिक्चर गोअर' के लिए समीक्षा भी लिखते थे। यही कारण था कि वह ग्रेटा गार्बो और नोर्मा शियरर जैसी सिने पत्रिकाओं के पत्र-मित्र बने नोर्मा शियरर आनंदवन को सबसे पहले चंदा देने वालों में से थीं।

कालेज की छुट्टियों के दौरान मुरलीधर भारत दर्शन करने निकल पड़ते। इन्हीं यात्राओं के दौरान एक बार शांतिनिकेतन में नोबेल पुरस्कार से सम्मानित कवि गुरु रवीन्द्रनाथ टैगोर से उनकी भेंट हुई। शांतिनिकेतन में प्रसन्नमन और प्रेमपूर्वक रहते सामूहिक समुदाय को देख मुरलीधर बड़े प्रभावित हुए। मुरलीधर, जीवन के प्रति महात्मा गांधी के वैज्ञानिक दृष्टिकोण से भी काफी आकर्षित हुए।

सन 1942 में मुरलीधर भारत छोड़ो आंदोलन में शामिल होकर स्वतंत्रता संग्राम से भी जुड़ गए। उनका मुख्य कार्य था जेल जानेवाले नेताओं के लिए वकीलों को संगठित करना। एक बार राष्ट्रगान गाने के आरोप में उन्हें ही 21 दिन के लिए जेल भेज दिया गया था।

जब उन्होंने वकालत करना शुरू किया तो वह बड़े निराश हुए। वह वकीलों, राजनीतिकों और अन्य ऐसे ही पैसेवाले और शक्तिशाली

लोगों के व्यवहार से बहुत दुखी हो गए। वह दुखी मन से वरोरा लौट गए। वहां उन्होंने अपने मित्रों के साथ मिलकर एक दल बनाया जो असहाय और दलितों के शवों को कंधों पर लादकर श्मशान ले जाता था, क्योंकि कोई भी उनके शवों को छूना नहीं चाहता था। इसके बाद उन्होंने सफाई करनेवालों, बुनकरों तथा समाज के अन्य उपेक्षित वर्गों को संगठित किया। इस प्रकार उन्होंने कई संगठनों की स्थापना की।

विवाह

इसी समय महात्मा गांधी ने मुरलीधर को 'अभय साधक' का खिताब दिया। ट्रेन में एक महिला यात्री से छेड़छाड़ कर रहे ब्रिटिश सिपाहियों का सामना करने का साहस दिखाने के लिए उन्हें यह खिताब दिया गया था। बुरी तरह पिट जाने और डिब्बे से बाहर फेंक दिए जाने के बावजूद भी मुरलीधर ने उनका पीछा नहीं छोड़ा। उन्होंने गांधीजी के सत्याग्रह का सहारा लिया। जब तक सिपाही अपने उच्छृंखल व्यवहार के लिए माफी नहीं मांग लेते तब तक वह ट्रेन को आगे नहीं जाने देंगे। उन्होंने रेजिमेंट के कमांडेंट को भी बुलवाया। उसने भरोसा दिलाया की ये सिपाही अब अभद्र व्यवहार नहीं करेंगे।

जब वह 30 वर्ष के होने को थे तब उनके माता-पिता ने उनका विवाह करने का निश्चय किया। लेकिन मुरलीधर अभी विवाह करना नहीं चाहते थे, इसलिए भावी वधुओं को हतोत्साहित करने के लिए उन्होंने सिर के बाल और दाढ़ी बढ़ा ली। इसके साथ ही उन्होंने साधु जैसा दिखने के लिए भगवे वस्त्र भी पहनना शुरू कर दिया।

मुरलीधर जब 1946 में 32 वर्ष के हुए तब एक विवाह समारोह में वह इंदु घुलेशास्त्री से मिले। इंदु संस्कृत विद्वानों के एक रूढ़िवादी

ब्राह्मण परिवार से थी। जब मुरलीधर को पता चला कि इंदु चुपचाप घर से निकलकर एक वृद्धा को कपड़े धोने में मदद करने चली गई थी, तो वह बहुत प्रभावित हुए। कुछ दिनों बाद उन्होंने इंदु की मां से मिलकर इंदु से विवाह करने की इच्छा प्रकट की। 18 दिसंबर, 1946 को दोनों विवाह बंधन में बंध गए। विवाह की रात्रि को ही मुरलीधर ने अपनी पारिवारिक संपत्ति त्यागने और वकालत से अपना नाता तोड़ लेने का संकल्प किया।

गरीबों में घुलमिल जाने के लिए मुरलीधर और उनकी पत्नी ने, जिनका नाम अब साधना आमटे हो गया था, वरोरा के पास ही एक श्रम-आश्रम की स्थापना की। जाति-पाति, वर्ग और व्यवसाय का भेदभाव किए बिना हर कोई आश्रम में आ सकता था। शीघ्र ही आश्रम में बीस लोग हो गए। अब मुरलीधर को आश्रमवासी बाबा कहने लगे। उनकी मां बचपन में उन्हें इसी नाम से पुकारती थीं।

बाबा आमटे को 1948 में वरोरा नगरपालिका का उपाध्यक्ष चुना गया। सफाई कर्मचारियों की यूनियन के अध्यक्ष वह पहले से थे ही। उनके जीवन में एक ऐसी घटना घटी जिसने उनके जीवन की दिशा ही बदल दी। वह घटना थी–सफाई कर्मचारियों ने वेतन वृद्धि की मांग करते हुए हड़ताल कर दी। बाबा आमटे उनकी तकलीफों को समझ पाते हैं इस बात पर उन्हें संदेह था। बाबा आमटे उनकी चुनौती स्वीकारते हुए शहर के शौचालयों को साफ करने में लग गए। अगले नौ महीनों तक उन्होंने यह काम किया।

इन्हीं दिनों, बारिश की एक सर्द रात को उन्हें सड़क के किनारे नाली में चिथड़ों का एक बंडल दिखाई दिया। थोड़ा नजदीक जाने पर उन्होंने देखा कि एक आदमी पड़ा था। उसका नाम तुलशीराम था और कुष्ठरोग की अंतिम अवस्था में था। वह सड़े मांस का लोथड़ा भर था। नाक की जगह सिर्फ दो गड्ढे थे, उसके हाथों और पैरों की

उंगलियों की जगह ठूंठ थे। किसी समय जहां आंखें थीं उन गड्ढों में घाव हो गए थे और उनमें कीड़े पड़ गए थे। बाबा आमटे मुंह फेरकर वहां से भाग खड़े हुए। उन्हें इससे गहरा आघात लगा था और वह बहुत डर भी गए थे। थोड़ी देर बाद ही उन्होंने स्वयं को कोसा और वापस जाकर उस रोगी को खाने को दिया और बरसात से बचने के लिए बांस से एक चंदोवा-सा बना दिया। तीन दिन बाद उस रोगी की मृत्यु हो गई। "उसी क्षण से मैंने अपने भय पर काबू पाने की कोशिश शुरू कर दी," इस घटना के बाद बाबा आमटे ने बताया।

आनंदवन

इस घटना के छह महीनों बाद तक भी वह छटपटाते रहे। उनके मन में उथलपुथल मचती रही और फिर उन्होंने निश्चय किया कि वह जीवनभर कुष्ठरोगियों की सेवा करते रहेंगे। आचार्य विनोबा भावे की सलाह पर बाबा आमटे चिकित्साशास्त्र का अध्ययन और अभ्यास करने दत्तापुर के कुष्ठाश्रम में चले गए। इसके बाद 1949 में, वह कलकत्ता स्कूल आफ ट्रापिकल मेडिसिन में कुष्ठरोग पर उच्च अध्ययन करने कलकत्ता गए। वहां कुष्ठरोग की शोध में औषधि प्रयोग करने के लिए स्वेच्छा से गिनि पिग बन गए। जिस समय वह घर लौटे, डायमिनो डायफिनाइल-सल्फोन की खोज ने कुष्ठ रोग का इलाज संभव बना दिया था। बाबा आमटे ने इस दवा की मदद से कुष्ठ रोगियों का इलाज करना शुरू कर दिया।

सन 1951 में चंद्रपुर-नागपुर सड़क पर वरोरा की बाहरी सीमा पर झाड़-झंखाड़ से भरी 50 एकड़ पथरीली जमीन बाबा आमटे को कुष्ठाश्रम बनाने के लिए दे दी गई। इसमें तेंदुए, बाघ, सांप और बिच्छुओं की भरमार थी। बाबा आमटे, साधनाताई और अपने बेटों,

विकास और प्रकाश एवं छह कुष्ठ रोगियों को लेकर यहां रहने आ गए। इनके अलावा वह अपने साथ एक लंगड़ी गाय, जंगली जानवरों से बचाव के लिए चार कुत्ते; चार फावड़े, तीन गैंतियां, दो कुदालियां, पांच कुल्हाड़ियां और बिस्तर तथा रसोई बनाने के बरतन भी लाए। इस अनोखे आश्रम का नामकरण किया गया आनंदवन। आचार्य विनोबा भावे ने 21 जून, 1951 को इसका उद्घाटन किया। आश्रम की गतिविधियों को और आगे बढ़ाने के लिए बाबा आमटे ने महारोगी सेवा समिति बनाई।

काम शुरू करने के लिए वहां कोई स्थायी आश्रय नहीं था। झोंपड़ियां आदि बनाई जा सकें इससे पहले ही तेंदुए एक-एक करके चारों कुत्तों को उठा ले गए और खा गए। सो रहे रोगियों के संवेदनाहीन अंगों को चूहे खा जाते। यह एक बहुत बड़ी समस्या थी। पानी का इंतजाम करने की समस्या भी थी। सबसे पास का कुआं भी करीब दो किलोमीटर दूर था। इसलिए बाबा आमटे ने कुष्ठ रोगियों को साथ कुआं खोदने को प्रेरित किया। शुरू से ही यह स्पष्ट था कि कुष्ठ रोगियों का आत्मसम्मान लौटाने के लिए उन्हें उनके लिए नहीं, बल्कि उनके साथ काम करना होगा।

बाबा आमटे ने एकाध जगह लिखा भी था कि किस तरह उन्होंने कुष्ठ रोगियों के साथ मिलकर पहला कुआं खोदा था। "करीब छह हफ्तों के बाद, जब हम 36 फुट नीचे थे तब चट्टानों में नमी का एहसास हुआ। मई का महीना था; छायादार जगह पर भी तापमान 47 डिग्री सेल्सियस था। गड्ढे के अंदर भयानक गरमी थी। तभी एक मक्खी और उसके पीछे-पीछे एक तितली आकर मंडराने लगी। दो दिन बाद सुबह जब हम वहां पहुंचे, तो देखा कि पत्थरों के बीच डबरे में भरे पानी में एक मेंढक मजे से बैठा है। हमने सफेद फूलों और दूध से उस पानी की पूजा की। सारा दिन हम कुएं के

पास बैठकर प्रसन्न मन उस पानी को निहारते रहे।"

पहले ऐसे प्रयास के बारे में सोचने तक की कल्पना नहीं की जा सकती थी क्योंकि कुष्ठरोगियों को समाज से बहिष्कृत माना जाता था। किंतु बाबा आमटे ने उन्हें प्रेरित किया कि अपने लिए पानी की व्यवस्था वे खुद करें। जब बाबा आमटे ने उन्हें समाज की मुख्य धारा में लाने की पहल की, तो ये तमाम धारणाएं कि वे लोग समाज के लिए कुछ नहीं कर सकते, अपने आप ही समाप्त हो गईं।

शुरूआत में धन की कमी की समस्या थी। फिर भी, बाबा आमटे ने एक वर्ष में ही किसी तरह से एक जोड़ी बैलों का बंदोबस्त कर ही लिया। तब तक आनंदवन के निवासियों ने सब्जियों के साथ-साथ ज्वार और बाजरा भी उगा लिया था।

अन्य परियोजनाएं

जैसे-जैसे लोगों को पता चलता गया कि आनंदवन में कुष्ठ रोगी स्वाभिमानपूर्वक रहते हैं और सारे काम खुद करते हैं, तो रोगियों का यहां आना बढ़ने लगा। 1954 तक रोगियों की संख्या 69 हो गई। इस समय तक छह कुएं खोद लिए गए थे। थोड़ी जमीन भी साफ कर ली गई जिससे अनाज और सब्जियां उपजाने में मदद मिली। लेकिन आनंदवन की उपज कोई खरीदना नहीं चाहता था, क्योंकि उन्हें डर था कि उन्हें भी कुष्ठ रोग लग जाएगा। इसके अलावा भी बाबा आमटे और उनके परिवार को कदम-कदम पर सामाजिक बहिष्कार का सामना करना पड़ रहा था। आस-पास रह रहे उनके समुदाय के लोगों में से कोई भी कभी भी उन्हें चायपान के लिए नहीं बुलाता था। यहां तक कि उनके पुत्रों के साथ खेलने भी कोई बच्चा नहीं आता।

किंतु 1954 में भारी परिवर्तन आया। उन दिनों सर्विस सिविल

इंटरनेशनल के 50 स्वयंसेवक गांधीजी के सेवाग्राम में काम कर रहे थे। जब उन्हें आनंदवन के बारे में पता चला, तो उन्होंने निर्माण कार्य के लिए अपनी सेवाएं देने की इच्छा जताई। चार महीनों के भीतर ही इन स्वयंसेवकों ने एक चिकित्सालय और अस्पताल के दो वार्डों के लिए छह भवन बनाकर खड़े कर दिए। उन स्वयंसेवकों के वहां आने का वरोरावासियों पर गहरा प्रभाव पड़ा। जो लोग छूत लग जाने के डर से आनंदवन के आसपास भी नहीं फटकते थे उनका डर अब दूर हो गया था। उसी वर्ष आनंदवन में कुछ गायें खरीदकर लाई गईं और एक डेरी शुरू की गई। खाना बनाने के तेल का भी उत्पादन होने लगा। आनंदवन के लिए 1957 का साल ऐतिहासिक रहा। आनंदवन में बिजली आ गई जिससे यहां रहनेवालों को काफी लाभ पहुंचा। वास्तव में तो आनंदवन के विद्युतीकरण का अधिकतर काम यहां रहनेवाले लोगों ने ही किया। अब तक यहां तेल के दीयों से ही काम चलता था।

सन 1961 में यहां एक प्राथमिक स्कूल खोला गया। यह स्कूल, गोकुल—बच्चों का स्वर्ग, जिसमें बच्चों के रहने की सुविधाएं थीं, उन कुष्ठ रोगियों के बच्चों के लिए खोला गया था जिनका रोग संक्रामक हो गया था। आनंदवन भारत की पहली ऐसी कुष्ठ कालोनी बन गया जिसने 1961 में कुष्ठ रोगियों को आपस में विवाह करने की अनुमति दी। विवाहित जोड़ा अपने साथ रहने के लिए रोगियों में से ही किसी को माता अथवा पिता के रूप में चुन लेता था, जिससे पूर्ण परिवार और आपसी सहारे की एक प्रणाली बन जाती थी।

आम जनता को आनंदवनवासियों के करीब लाने के लिए बाबा आमटे ने एक मेला, मित्र मेलावा आयोजित किया। यह मेला उन्होंने 1961 में शुरू किया जो अब एक वार्षिक मेला बन गया है। मेले के दौरान कई तरह के कार्यक्रम—कवि सम्मेलन, संगीत, नृत्य और नाटक

होते हैं। यह मेला दर्शाता है कि कुष्ठरोगी भी भावुक, आध्यात्मिक और रचनात्मक इंसान हो सकते हैं।

स्वप्नद्रष्टा

राष्ट्रवादी संत तुकड़ोजी महाराज ने 17 नवंबर, 1962 को मुक्तिसदन का उद्घाटन किया जहां पूर्ण रूप से निरोगी हो गए पचास कुष्ठरोगी सामान्य और सुखद वैवाहिक जीवन बिताने लगे। अपनी आय से उन्होंने 1964 में आनंद निकेतन महाविद्यालय नाम का विज्ञान कालेज स्थापित किया। बाबा आमटे के दोनों पुत्रों, विकास और प्रकाश को यहीं भर्ती कर दिया गया।

बाबा आमटे एक स्वप्नद्रष्टा थे और उनका मानना था कि शिक्षा समाज के सभी वर्गों के लिए महत्त्वपूर्ण है। उन्होंने 1966 में आनंद अंध विद्यालय स्थापित किया। उन्होंने 1968 में दृष्टिहीन बच्चों के लिए एक सनशाइन होम की स्थापना भी की। विद्यार्थियों की सुविधा के लिए स्कूल में एक ब्रेल पुस्तकालय भी था। एक अनाथालय और शारीरिक रूप से विकलांग बच्चों के लिए एक स्कूल की स्थापना के साथ ही बहरे बच्चों के लिए भी उन्होंने एक स्कूल खोला। वृद्ध लोगों के लिए उत्तरायण की स्थापना भी की गई।

सरकार ने बाबा आमटे को 1967 में युवाओं और स्वस्थ हो गए कुष्ठ रोगियों को खेती एवं अन्य व्यवसायों का प्रशिक्षण देने के उद्देश्य से एक श्रमिक विश्वविद्यालय की स्थापना के लिए आनंदवन से 100 किलोमीटर दक्षिण में, सोमनाथ में 1,300 एकड़ भूमि प्रदान की। यह श्रमिक विश्वविद्यालय एक प्रयोग था जिसमें विद्यार्थियों को डिग्री देने के साथ ही उत्पादनात्मक कार्यों का प्रशिक्षण भी शामिल था। प्रत्येक छात्र को दो एकड़ भूमि दी जाती थी, जिसमें वह खेती में

अपना प्रयोग कर सकता था। अपने रहने का खर्च चुकाने के बाद जो भी उपज बचती वह उसी को दे दी जाती। छात्रों के इस उत्पादनात्मक कार्य द्वारा विश्वविद्यालय आत्मनिर्भर हो जाता।

लेकिन दुर्भाग्यवश, स्थानीय लोगों के विरोध के कारण काफी भूमि छोड़ देनी पड़ी। श्रमिक विश्वविद्यालय की योजना का परित्याग करना पड़ा। सोमनाथ की बची हुई भूमि को वार्षिक युवक शिविरों का आयोजन करने के लिए विकसित किया गया। इस तरह का पहला शिविर 1967 में लगाया गया। इन शिविरों में भाग लेनेवाले अधिकतर युवाओं को दिन का ज्यादातर समय शारीरिक श्रम के कार्यों—जैसे जमीन में खुदाई करके परिस्रवण बांध बनाना, बंजर भूमि को साफ करके खेती करने लायक बनाना आदि में लगाना होता था।

आनंदवन की इन सारी गतिविधियों का संचालन वे लोग करते थे जो थे तो विकलांग, लेकिन जिन्होंने यह सारा कुछ अपने अनुभवों से सीखा था। आनंदवन में एक प्रिंटिंग प्रेस भी थी, जिसे विकलांग लोग चलाते थे। कपड़े बनाना एक बड़ा व्यवसाय था। जो लोग इस काम में लगे थे उनमें से अधिसंख्य लोगों के हाथों की उंगलियां नहीं थीं।

आनंदवन की सबसे पहली औद्योगिक इकाई टिनकैन का एक छोटा कारखाना था, जहां पर बेकार, पुराने टिन से उपयोगी वस्तुएं बनाई जाती थीं जिन्हें समुदाय के ही काम में प्रयुक्त कर लिया जाता था या फिर उन्हें आस-पास के शहरों के बाजारों में बेच दिया जाता था।

सच तो यह है कि आनंदवन की सफलता इस बात को दर्शाती थी कि कुष्ठरोगी अब स्वयं को समाज पर बोझ नहीं मानते थे। उन्हें स्वयं पर भरोसा था और उन्हें हुनर के ऐसे विभिन्न परीक्षणों से गुजरना पड़ा था जिसके बारे में वे आनंदवन में आने से पहले सोच तक नहीं सकते थे। बाबा आमटे ने उन्हें समाज के महत्त्वपूर्ण योगदाता के रूप में परिवर्तित कर दिया था।

अपने इस लक्ष्य को पाने के लिए बाबा आमटे ने, 21 अप्रैल, 1970 को संधि (अवसर) निकेतन की स्थापना की। इसका उद्देश्य था–विभिन्न कारीगरी और हस्तशिल्पों को प्रशिक्षण देना। कपड़े बुनना, कपड़ों की सिलाई करना, चमड़े का काम, बढ़ईगिरी, काष्ठ पर नक्काशी करना, रेशम उत्पादन, प्रिंटिंग, वेल्डिंग एवं बिजली मिस्त्री के काम मिलाकर, यहां 40 से भी अधिक व्यवसायों का प्रशिक्षण दिया जाता था।

संधि निकेतन के प्रेरक थे–आर्थर टार्नोवस्की, जो स्वयं भी विकलांग थे। जब वह 1968 में पहली बार आनंदवन आए थे तभी उन्होंने एक प्रशिक्षण केंद्र की आवश्यकता के बारे में कहा था। वह 1970 में एक बार फिर आनंद निकेतन आए और संधि निकेतन के निर्माण में भी योगदान किया।

आनंदवन का एक महत्त्वपूर्ण स्थल था, इसका कब्रिस्तान। यह स्थान पर्यावरण के प्रति बाबा आमटे का प्रेम दर्शाता था। इस कब्रिस्तान में न तो शिलालेख लिखे संगमरमर के प्रस्तर लगे थे और न ही ग्रेनाइट की मूर्तियां। यहां कंकड़ डली पगडंडियां भी नहीं थीं। इसके बजाय यहां एक छोटा-सा वन था, जिसमें करीब 500 वृक्ष थे। यहीं लोगों को बिना कफन के दफनाया जाता था। समय बीतने के साथ-साथ, शव खाद में बदल जाते थे जिससे वृक्षों को पोषण मिलता था। बाबा आमटे के अनुसार दफनाने का यह तरीका इस बात की स्वीकृति थी कि धरती इंसान की नहीं, इंसान धरती का है।

सोमनाथ के अलावा बाबा आमटे ने कुष्ठरोगियों के लिए अन्य स्थान पर अशोकवन शुरू किया। उन्होंने 24 दिसंबर, 1974 को हेमलकासा में लोक बिरादरी प्रकल्प की शुरूआत भी की। यह परियोजनाओं की एक शृंखला थी जो उन सुदूरवर्ती आदिवासी जिलों के लिए थी जहां अधिकतर माड़िया आदिवासियों की आबादी थी।

इस परियोजना का जोर इस बात पर रहा कि लोगों के लिए काम करने के बजाय उनमें घुलमिलकर उनके साथ काम करो। बाबा आमटे के सबसे छोटे पुत्र प्रकाश और उनकी पत्नी ने आजीवन इन आदिवासियों के बीच रहकर काम करने का संकल्प लिया।

आनंदवन की सफलता से बाबा आमटे को विश्वास हो गया कि देश के लाखों पीड़ित लोगों का आत्मविकास निर्बल जनता में रचनात्मक जागरूकता जगाकर किया जा सकता है। वह अकसर कहा करते थे, "जब हम कठिन से कठिन परिस्थितियों में भी एक खुशहाल समुदाय बना सकते हैं, तो स्वस्थ लोग इतनी अधिक अनुकूल परिस्थितियों के रहते हुए ऐसा क्यों नहीं कर सकते?"

भारत जोड़ो आंदोलन

बाबा आमटे शारीरिक बाधाओं से पीड़ित लोगों के साथ जीवनभर काम करते रहे, इसके साथ ही वह राष्ट्रीय वैमनस्य मिटाने में सक्रिय भाग लेते रहे। उन्होंने 24 दिसंबर, 1985 से लेकर 9 अप्रैल, 1986 के बीच, कन्याकुमारी से श्रीनगर तक 100 दिन के भारत जोड़ो अभियान के अंतर्गत साइकिल पर 5,200 किलोमीटर की यात्रा की। यह यात्रा संयोग से महाराष्ट्र के प्रसिद्ध लेखक और विचारक साने गुरुजी के जन्मदिन के समय हुई। यह दूरी 107 दिनों में तय की गई। इस अभियान में 110 लोग शामिल थे जिसमें 16 लड़कियां भी थीं। कई स्थानों पर उनका जोरदार स्वागत किया गया।

इस अभियान का दूसरा चरण अरुणाचल प्रदेश के ईटानगर से गुजरात के ओखा तक रखा गया। 1 नवंबर, 1988 से लेकर 26 मार्च, 1989 तक 7,500 किलोमीटर की दूरी तय की गई। जब पंजाब में हिंसा हुई तो बाबा आमटे ने शांति द्वारा शांति मिशन शुरू

किया। वह पहली बार वहां 1 जुलाई, 1986 को गए। वहां उन्होंने डेढ़ महीने में 50 गांवों का दौराकर 1984 की हिंसा में मारे गए अथवा घायल हुए लोगों के परिवारों को सांत्वना दी, हिम्मत बढ़ाई और उन्हें सहायता दी। सितंबर 1986 में अपने लोगों का दल लेकर वह फिर से पंजाब गए। मार्च और अगस्त 1987 में एक बार और पंजाब गए।

नर्मदा—सारे संघर्षों का प्रतीक

बाबा आमटे 1980 से ही बृहद बांधों के खिलाफ संघर्ष से जुड़े थे। इस मुद्दे को लेकर 1988 में आनंदवन में पूरे भारत से एक सौ से भी अधिक पर्यावरण आंदोलनकारियों की एक बैठक बुलाई गई। इस बैठक का परिणाम आनंदवन घोषणा के रूप में सामने आया जिसमें इस बात पर जोर दिया गया कि ये बड़े-बड़े बांध विकास के नाम पर विध्वंस के प्रतीक हैं। इसमें कहा गया कि चहुंमुखी उन्नति के बजाय, इन बड़े बांधों ने मुट्ठीभर संपन्न किसानों और शहरी विशिष्ट वर्ग को फायदा पहुंचाया है।

बाबा आमटे ने 1989 में सरदार सरोवर परियोजना का मामला 'परमप्रिय नर्मदा के आंसू' शीर्षकवाली अपनी पुस्तिका में बहुत सुंदरता से उठाया। इस पुस्तिका में उन्होंने संक्षेप में बताया कि यह परियोजना सामाजिक, आर्थिक एवं पारिस्थितिकीय संकट बननेवाली है।

नर्मदा बचाओ आंदोलन में सहयोग देने के लिए बाबा आमटे आनंदवन से यहां आ गए। पश्चिम दिशा की ओर बहनेवाली सबसे बड़ी नदी नर्मदा, हजारों लोगों के जीवन और भरण-पोषण का स्रोत है। नर्मदा घाटी परियोजना में इसकी पूरी लंबाई में तीस बड़े और सैकड़ों छोटे-छोटे बांध बनाए जाने का प्रस्ताव है। प्रस्तावित दो

सबसे बड़े बांध, सरदार सरोवर और नर्मदा सागर निर्माणाधीन हैं। नदी किनारे स्थित बाबा आमटे का आश्रम निजीबल, सरदार सरोवर परियोजना के डूबनेवाले क्षेत्र में आता है। वह इसके निर्माण के विरोध में संघर्ष करते रहे, क्योंकि इस बांध के कारण 3,00,000 लोग विस्थापित हो जाएंगे जिनमें अधिसंख्य लोग गरीब किसान और आदिवासी हैं। इसके साथ ही बांध से भारी पारिस्थितिकीय नुकसान होगा।

बाबा आमटे को सर्वाइकल स्पोंडिलोसिस रोग हो गया और 1964 में रीढ़ की हड्डी का तेजी से क्षय होने लगा। 1966-67 में उन्हें ट्रैक्शन करवाना पड़ा और दिन में 12 घंटे बिस्तर पर ही लेटे रहना पड़ा। 1971 में उनके मित्रों ने धन इकट्ठा किया ताकि वह लंदन जा सकें, जहां उनका बड़ा ऑपरेशन किया गया। वास्तव में तो, 1964 से ही वह बैठ नहीं पाते थे। उन्हें या तो खड़े रहना पड़ता था या फिर नरम गद्दे पर लेटे रहना पड़ता था। इस तरह के अधिकतर मामलों में इतना खराब स्वास्थ्य होने से लोगों का सार्वजनिक जीवन लगभग समाप्त ही हो जाता है। लेकिन बाबा आमटे हार माननेवाले व्यक्तियों में से तो थे नहीं। बिस्तर पर लेटे-लेटे आराम करने को मजबूर होने पर भी वह एक नए भारत के लिए विस्तृत योजनाएं बनाने के काम में लगे रहे।

मानवजाति को उनके अमूल्य योगदान के लिए उन्हें अनेक प्रतिष्ठित पुरस्कारों से सम्मानित किया गया। उन्हें 1971 में पद्मश्री की उपाधि दी गई। कुष्ठरोग के क्षेत्र में उनके अभिनव कार्य के लिए 1983 में उन्हें अमरीकी संस्था डेमियन डटन सोसायटी फार लेप्रोसी एड द्वारा स्थापित डेमियन डटन पुरस्कार प्रदान किया गया। सामुदायिक नेतृत्व के लिए 1985 में उन्हें रेमन मेगसायसाय पुरस्कार दिया गया। उससे अगले ही वर्ष उन्हें पद्मविभूषण की उपाधि से अलंकृत

किया गया और 1990 में उन्हें टेम्पलटन पुरस्कार मिला। 1988 में उन्हें सं. रा. मानव अधिकार अवार्ड प्रदान किया गया और 1992 में उन्हें प्रतिष्ठित राइट टू लाइवलीहुड पुरस्कार मिला। कुष्ठरोगियों की चिकित्सा और पुनर्वास के अनुकरणीय कार्य के लिए 1999 में उन्हें अंतर्राष्ट्रीय गांधी शांति पुरस्कार से सम्मानित किया गया। बाबा आमटे ने उन निराश लोगों में, जिनके जीवन में आशा की एक भी किरण बाकी नहीं थी, प्रेरणा जगाई और उन्हें समाज के उपयोगी सदस्य बनाया। उन्होंने दुनिया को दिखा दिया कि विकलांग लोग भी हर तरह से समाज के महत्त्वपूर्ण सदस्य हो सकते हैं। इसके अलावा, वह उनमें मानवता की भावना जगाने में सफल हुए। मानवजाति को उनका योगदान अतुलनीय रहा, विशेषकर, जिन्हें समाज ने निकृष्ट समझा, उनके लिए। अपने जीवन के पचास वर्ष से अधिक उन्होंने आनंदवन में ही एक कामचलाऊ झोपड़ी में अपनी पत्नी के साथ बिताए। लंबी बीमारी के चलते 9 फरवरी, 2008 को 94 वर्षीय बाबा आमटे संसार से विदा हो गए।

बाबा आमटे का पसंदीदा उद्धहरणः– 'मैंने अपनी आत्मा को खोजा, किंतु वह मुझे कहीं दिखाई नहीं दी; मैंने अपने ईश्वर को खोजा, किंतु मेरा ईश्वर मुझसे छिप गया, मैंने भाइयों को खोजा, और तीनों ही मुझे मिल गए।'

अज्ञात

वर्गीज कूरियन

मणिमाला दास

"भारतीय किसान वंचित और उत्पीड़ित हैं। उनका भविष्य अनिश्चित है और बहुत कम संसाधनों पर उनका अधिकार है। इस महत्त्वपूर्ण समुदाय की उपेक्षा करने से देश का अस्तित्व ही खतरे में पड़ जाएगा। अगर किसानों को अपने कामकाज और आजीविका का प्रबंध करने के लिए आत्मनिर्भर बनने में सहायता दी जाए, तो वे राष्ट्र के लोकतंत्र की सुदृढ़ रीढ़ बन जाएंगे। अतः सहकारी संस्थाओं को प्रोत्साहन देना सरकार की प्राथमिक जिम्मेदारी होनी चाहिए।"

वर्गीज कूरियन

वर्गीज कूरियन

वर्गीज कूरियन भारत में श्वेत क्रांति के प्रवर्तक हैं। किसानों की सहकारी संस्थाओं को बनाए रखने के उनके हर प्रयास के पीछे विश्वास, समर्पण और वचनबद्धता उनका प्रेरक बल थे, और किसानों ने देश के डेरी विकास कार्यक्रम में उन्हें असंख्य बाधाओं को पारकर उपलब्धियों की ओर बढ़ते देखा। कूरियन के ऑपरेशन फ्लड कार्यक्रम ने उस देश को, किसी समय दुग्ध उत्पादन कम होता था, दुग्ध उत्पादन के क्षेत्र में आत्मनिर्भर बना दिया। इससे भी बढ़कर जो बात थी वह यह थी कि देश अब अमरीका से भी आगे जाकर, सबसे बड़ा दुग्ध उत्पादक देश बन गया था।

बचपन और शिक्षा

डा. वर्गीज कूरियन एक ऐसे इंसान हैं जो कहते हैं कि देश की सारी गाएं-भैंसें उनकी दोस्त हैं। उन्हें देश का 'दूधवाला' कहा जाता है तो ठीक ही कहा जाता है। उनका शैक्षणिक करियर काफी अच्छा था। कूरियन का जन्म 26 नवंबर, 1921 को केरल में हुआ था। उनके माता-पिता सीरियन ईसाई थे। उनके पिता सिविल सर्जन थे और

नौकरी ऐसी थी कि उनका अकसर एक जगह से दूसरी जगह स्थानांतरण होता रहता था। जिस पहले स्कूल में वह पांचवीं कक्षा में भर्ती हुए वह एक छोटे कस्बे गोपीचेट्टीपालयम में था। यद्यपि कूरियन की मातृभाषा मलयालम थी, लेकिन उन्होंने विषय के रूप में तमिल को दूसरी और अंगरेजी को पहली भाषा चुना।

कूरियन के पिता अच्छे खिलाड़ी थे। उनकी मां को पश्चिमी संगीत पसंद था। चारों बच्चों में पश्चिमी संगीत के प्रति रुझान बढ़ने लगा। शिक्षा में आगे रहना उनका पारिवारिक गुण था। उनके सभी भाई-बहन उच्च शिक्षा प्राप्त थे और उच्च पदों पर थे। पचास के दशक में कभी पंडित जवाहरलाल नेहरू के मंत्रीमंडल में वित्तमंत्री रहे डा. जान मथाई उनके मामा थे।

कूरियन ने 1936 में मन्नारगुडी से सेकंडरी स्कूल की परीक्षा उत्तीर्ण की। उस समय वह पंद्रह वर्ष के भी नहीं हुए थे। चूंकि वह अल्पवयस्क थे इसलिए उन्हें मद्रास भेज दिया गया। वहां उन्होंने जेसुइटों द्वारा चलाए जा रहे लोयोला कालेज में भौतिकशास्त्र में बी.एस.सी. में दाखिला ले लिया। सन 1940 में उन्नीस वर्ष की आयु में ही उन्होंने विज्ञान में स्नातक की डिग्री ले ली और सातवें स्थान पर रहे। मेकेनिकल इंजीनियरिंग में डिग्री प्राप्त करने के लिए उन्होंने गुइंडी के इंजीनियरिंग कालेज में दाखिला ले लिया।

कूरियन काफी अध्ययनशील एवं परिश्रमी छात्र थे और सफल होने के लिए कृतसंकल्प थे। वह खेलों में भी काफी हिस्सा लेते थे और उन्होंने टेनिस, बैडमिंटन, क्रिकेट और बाक्सिंग में कालेज का प्रतिनिधित्व भी किया। खेलों में रुचि उन्हें अपने पिता से विरासत में मिली। उनके पिता प्रसिद्ध एथलीट थे।

कालेज में पढ़ते समय वह यूनिवर्सिटी ट्रेनिंग कोर में भर्ती हो गए। उन्हें श्रेष्ठ केडेट के लिए एक पदक दिया गया। उनके शैक्षिक रिकार्ड

बहुत अच्छे थे और कूरियन को सर्वश्रेष्ठ केडेट माना गया था इसलिए सेना में अच्छा पद मिलना उनके लिए आसान था। परंतु उनकी मां अपने बेटे को सेना में भेजने को राजी नहीं थीं क्योंकि सन 1942 में पति की मृत्यु से उन्हें गहरा आघात लगा था।

कूरियन का भाग्य उन्हें जमशेदपुर ले आया। टाटा आयरन एंड स्टील कंपनी, जो उस समय भी एक प्रसिद्ध गैरसरकारी व्यावसायिक उद्योग था, अपने स्टील कारखानों के लिए युवा प्रशिक्षु इंजीनियरों की खोज में था। कूरियन के मामा डा. जान मथाई उस समय टिस्को के एक निदेशक थे। उनके कहने पर कूरियन को प्रशिक्षु ले लिया गया। किंतु उनके आजाद विचारों ने उन्हें जमशेदपुर में अधिक दिनों तक टिकने नहीं दिया। वह कहीं और नौकरी करना या विदेश जाकर पढ़ना चाहते थे।

यह अवसर 1945 में आया। भारत सरकार ने युद्धोपरांत पुनर्निर्माण के लिए एक योजना के हिस्से के तहत तकनीकी क्षेत्रों में विशेषज्ञता प्राप्त करने हेतु 500 भारतीय युवाओं को अमरीका और इंग्लैंड भेजने का निर्णय लिया। कूरियन ने स्कालरशिप के लिए आवेदन भेज दिया।

साक्षात्कार के समय दिल्ली विश्वविद्यालय के उपकुलपति, सर मोरिस ग्वायर ने उनसे पाश्चुरीकरण की परिभाषा पूछ ली। कूरियन जरा चकित तो हुए मगर उन्होंने सही उत्तर दे दिया। ग्वायर ने उन्हें बताया कि उन्हें डेरी इंजीनियरिंग के लिए चुन लिया गया है। कूरियन ने विस्मित हो कहा कि उन्हें डेरी क्षेत्र के बारे में कुछ भी जानकारी नहीं है, उन्होंने तो मेटालर्जिकल इंजीनियरिंग के लिए आवेदन भेजा था। ग्वायर ने कहा कि केवल एक ही स्कालरशिप बची है और यह कूरियन को सोचना है कि वह लेना चाहते हैं या नहीं। कूरियन टिस्को छोड़ने के लिए व्यग्र थे अतः उन्होंने स्कालरशिप

स्वीकार कर ली। स्कालरशिप लेकर अध्ययन के लिए अमरीका जाने से पहले कूरियन को प्रारंभिक जानकारी प्राप्त करने बैंगलोर के इंपीरियल डेरी रिसर्च इंस्टीट्यूट में भेजा गया। वहां उनका अनुभव सुखद नहीं रहा। इसका नतीजा यह हुआ कि वह डेरी व्यवसाय में लगे सभी लोगों को नापसंद करने लगे।

चूंकि अमरीका में मिशिगन स्टेट यूनिवर्सिटी में डेरी इंजीनियरिंग में स्नातकोत्तर पाठ्यक्रम नहीं था इसलिए उन्होंने मेटलर्जी को मुख्य; न्यूक्लियर फिजिक्स और डेरी इंजीनियरिंग को गौण विषय चुना। "डेरी इंजीनियरिंग विषय मामूली छात्रों के लिए है। मैंने सोचा कि मेरे जैसे प्रतिभाशाली छात्र के लिए डेरी विषय पढ़ना अपमान की बात है," कूरियन ने कहा था।

कूरियन अच्छे छात्र थे। यूनिवर्सिटी में टेनिस खेला करते थे। उन्होंने इसमें कई कप जीते। उन्होंने 1948 में डिस्टिंग्शन के साथ मेकेनिकल इंजीनियरिंग में एम.एस.सी. की डिग्री हासिल कर ली। इसके बाद पहले एक बड़े दुग्ध उत्पादन संयत्र में और फिर लांग आइलैंड के शेफील्ड फार्म में उन्हें व्यावहारिक प्रशिक्षण दिया गया।

अब घर लौटने का समय था। हालांकि कूरियन कलकत्ता के यूनियन कारबाइड कारखाने के लिए नियुक्तिपत्र लेकर लौटे थे, लेकिन वह पदभार ग्रहण नहीं कर सके क्योंकि उन्हें सरकार से मुक्ति का आदेश नहीं मिला था। जो भी हो, आखिर वह सरकारी छात्रवृत्ति पर ही तो पढ़ने विदेश गए थे इसीलिए अनुबंधपत्र के अनुसार उन्हें कम से कम कुछ समय के लिए सरकारी नौकरी करनी जरूरी थी। उन्हें 275 रु. मासिक वेतन पर गुजरात के आंनद में पुरानी सरकारी क्रीमरी में डेरी रिसर्च इंस्टीट्यूट में डेरी इंजीनियर का पदभार ग्रहण करना था। कूरियन ने स्वीकृति दे दी।

एक नया सफर

कूरियन की यह स्वीकृति बाद में सामाजिक एवं आर्थिक विकास की असंख्य संभावनाओं को जन्म देनेवाली थी। कूरियन अपनी नियुक्ति के लिए 13 मई, 1949 को आनंद पहुंच गए। साधारण-सा गांव, आनंद, कैरा के खेतीहर जिले में था। आनंद में एक रेलवे स्टेशन तो था, मगर पक्की सड़कें नहीं थीं। "परंतु कैरा जिले के आनंद में ही पोल्सन्स डेरी नाम की एक निजी डेरी इसकी पहचान थी।"

वर्षों पहले पोल्सन्स डेरी ने खट्टी क्रीम से मक्खन बनाने की शुरूआत की थी। दोनों युद्धों में उन्होंने ब्रिटिश सेना को मक्खन और चीज की आपूर्ति की। द्वितीय महायुद्ध के समय तत्कालीन सरकार ने माताओं और शिशुओं के लिए कम दाम पर दूध देने के लिए एक दुग्ध योजना शुरू करने की कोशिश की। यह दूध कैरा जिले से प्राप्त करना था। जिले से दूध प्राप्त करके उसे जहाज से बंबई भेजने के लिए पोल्सन्स डेरी को एकाधिकार दे दिया गया था।

कैरा जिले के एक कांग्रेसी, त्रिभुवनदास पटेल ने जाति और धर्म का भेदभाव किए बिना ऐसे भूमिहीन और छोटे किसानों को लेकर, जिनके पास एक या दो भैंसे थीं, एक सहकारी समिति बनाई। किसान बहुत गुस्से में थे कि जिस दूध के लिए ग्राहक पोल्सन्स को जो दाम चुका रहे थे उसमें से उन्हें उनका उचित हिस्सा नहीं मिल रहा था।

त्रिभुवनदास ने किसानों को संगठित किया और सहकारी संस्था के फायदे बताए जो ग्राहकों तक दूध सीधे पहुंचाएगी। सरदार वल्लभभाई पटेल के आदेश और मोरारजी देसाई के मार्गदर्शन में 4 जनवरी, 1946 को कैरा जिले के समरखा गांव में सबसे अधिक नुकसान उठानेवाले किसानों की एक बैठक बुलाई गई। इस बैठक में यह तय किया गया कि बिचौलियों और पोल्सन्स के शोषण को रोकने के लिए

एक सहकारी समिति बनाई जाए। इस सहकारी समिति को 14 दिसंबर, 1946 को कैरा कोआपरेटिव मिल्क प्रोड्यूसर्स यूनियन लिमिटेड के नाम से पंजीकृत किया गया।

जब पोल्सन्स डेरी को दूध इकट्ठा करके बंबई भेजने का एकाधिकार दिया गया, तो किसानों ने हड़ताल कर दी। उन्होंने डेरी को दूध की आपूर्ति करनी बंद कर दी। यह हड़ताल पंद्रह दिनों तक चलती रही जब तक कि सरकार का रुख नरम न पड़ा और उसने कैरा जिले से दूध इकट्ठा करने का पोल्सन्स डेरी का एकाधिकार वापस ले लिया। जिस समय कूरियन ने सरकारी क्रीमरी में काम करना शुरू किया लगभग उसी समय, कैरा कोआपरेटिव यूनियन ने उसी परिसर में एक दुग्ध संसाधन संयत्र के साथ काम शुरू कर दिया।

कैरा सहकारी समिति

आनंद की इस पुरानी हो चुकी सरकारी क्रीमरी में काम करना कूरियन को जरा भी पसंद नहीं था। सरकारी क्रीमरी में अधिकारी के रूप में ज्यादा कुछ करने को था ही नहीं। उन्होंने कृषि मंत्रालय को पत्र लिखा कि कोई काम किए बिना ही वह वेतन ले रहे हैं, इसलिए उन्हें बांड से मुक्त किया जाए। इस नौकरी में न तो कोई भविष्य नजर आता और न ही कोई आशा थी। वहां तो यह हाल था कि वहां के कर्मचारी तक इस इकाई के बंद होने का व्यग्रता से इंतजार कर रहे थे।

कूरियन ने बाद में बताया था, "सिर्फ एक ही बात ऐसी थी जिसने मेरा मनोबल बनाए रखा, वह यह थी कि मेरे बड़े भाई ने एक बैरा भेज दिया था जो मेरे गैरेज में और समय-समय पर बंबई के दौरों पर मेरी देखभाल करता था। क्रीमरी में कूरियन को रहने के लिए एक गैरेज दिया गया था। एंथोनी साफा बांधे और कमरपेटी कसे पूरी

पोशाक से सज्जित होकर उनके सारे कामकाज करता रहता। पास में ही सरकारी क्रीमरी के परिसर के दूसरी ओर, पुरानी और टूटी-फूटी मशीनों से काम करता कैरा यूनियन का संयंत्र कूरियन को अकसर ही दिखाई देता रहता था। इस संयत्र की हर चीज जर्जर अवस्था में थी। वहां बायलरों, शाफ्टों, बेल्टों, गियरबाक्सों में से कोई भी ठीक तरह से काम नहीं करता था। वहां कोई भी इस योग्य नहीं था कि मशीनों का कार्य देख लेता। इसी दौरान, कैरा यूनियन के अध्यक्ष त्रिभुवनदास से कूरियन का परिचय हुआ। समस्याओं से घिरे त्रिभुवनदास सलाह लेने के लिए कूरियन के पास आए। कूरियन ने त्रिभुवनदास की मदद करने का निश्चय किया।

वहां के किसानों की मदद करने के लिए कूरियन शाम को द्रुतशीतन (चिलिंग) और पाश्चुरी संयत्रों को ठीक करने लगे। रोज ही वहां मशीन में कोई न कोई खराबी हो जाती और कूरियन को जाकर उसे ठीक करना पड़ता था। अंत में एक दिन चिढ़कर उन्होंने त्रिभुवनदास से कह ही दिया कि टूटी-फूटी मशीनों से काम के बजाय एक प्लेट पाश्चुरीकरण मशीन खरीद लेनी चाहिए। इस बीच, सरकारी बांड से मुक्त कर देने के लिए कूरियन संघीय कृषि मंत्रालय से लगातार अनुरोध करते रहे।

त्रिभुवनदास कुछ दिनों तक सोचते रहे क्योंकि मशीन महंगी थी। अंततः उन्होंने धन इकट्ठा किया और प्लेट पाश्चुरीकरण की मशीन खरीदने की जिम्मेदारी कूरियन को ही सौंप दी। इस बीच, सरकार ने क्रीमरी बंद करने का निर्णय लिया; फलस्वरूप, कूरियन ने त्याग-पत्र दे दिया और खुशी-खुशी वहां से जाने की तैयारी करने लगे।

“मुझे याद है कि जब मैं पहली बार आनंद पहुंचा तो उस समय यह बृहत बंबई राज्य के एकदम अंदरुनी भाग में था। मैंने सोचा कि

भाग्य मेरे प्रति कितना निष्ठुर है। कहां मैं इंजीनियरिंग ग्रेजुएट, उस पर भी फारेन रिटर्न्ड! और कहां सरकार ने मुझे इस छोटे-से ग्रामीण इलाके में फेंकने लायक समझा? मैं व्यवग्रतापूर्वक किसी भी तरह आनंद से निकलने की कोशिश में दूसरी नौकरी ढूंढ़ने के लिए दौड़-धूप कर रहा था! मैं सफलता के करीब था और आनंद छोड़कर जाने ही वाला था कि त्रिभुवनदास ने मुझे अमूल में आने का निमंत्रण दिया। जब त्रिभुवनदास ने रुकने की प्रार्थना की, तो कूरियन मना नहीं कर सके। त्रिभुवनदास बहुत परेशान थे और उन्होंने कहा कि कूरियन जा कैसे सकते हैं, जबकि हमने इतनी कठिनाई से प्लेट पाश्चुरीकरण मशीन भी खरीद ली है। जब तक कूरियन उन्हें मशीन चलाना सिखा नहीं देते तब तक वह जा नहीं सकते हैं। सहकारी समिति के लिए त्रिभुवनदास की ईमानदारी ने कूरियन का दिल जीत लिया।

कूरियन रुक गए। पहले तो दो महीनों के लिए, फिर हमेशा के लिए। कूरियन ने कहा, "मैं आनंद से निकल भागने का बहाना ढूंढ़ते-ढूंढ़ते कब सहकारी समिति के युवा चेयरमैन का दोस्त बन गया और किसानों को बिचौलियों के शिकंजे से छुटकारा दिला सके ऐसा एक सुदृढ़ संगठन बनाने के उनके सपने में अनजाने ही शामिल होता चला गया। मुझे पता ही नहीं चला, ऐसे ही किसी ढुलमुल पल में मैंने नवजात कैरा सहकारी समिति के लिए काम करने का प्रस्ताव मान लिया। अपनी 33 साल की नौकरी में किसानों का नौकर होने के लिए मुझे कभी पछताना नहीं पड़ा।"

अमूल डेरी

कूरियन 1 जनवरी, 1950 को औपचारिक रूप से कैरा सहकारी समिति में आ गए। नई प्लेट पाश्चुरीकरण मशीन के लग जाने से कैरा

सहकारी समिति की दूध संसाधित करने की क्षमता काफी बढ़ गई। दो महीने बाद, जब कूरियन वहां से जाने की योजना बना रहे थे तब त्रिभुवनदास पटेल ने एक बार फिर उन्हें रोक लिया। उन्होंने कैरा सहकारी समिति के प्रबंधन में उनकी सहायता मांगी। कूरियन ने 1 अप्रैल, 1950 को कैरा सहकारी समिति के पहले महाप्रबंधक का पद संभाल लिया, और तभी से अच्छे-बुरे समय से गुजरते हुए उन्नति करके इसे देश की एक अत्यंत सफल संस्था बना दिया।

कैरा सहकारी समिति में महाप्रबंधक का कार्य संभालना कूरियन के लिए काफी चुनौतीभरा था, क्योंकि यह डेरी एक नए ही संगठनात्मक ढांचे, किसानों की सहकारी संस्था के आधार पर स्थापित की गई थी और इसे विकसित करके उन्नत करना था जिससे ग्रामीण किसान लाभान्वित और समर्थ हों। वह जानते थे कि सहकारी समितियां केवल तभी सफल हो पाएंगी जब उत्पादन, प्राप्ति और विपणन पर किसानों का नियंत्रण हो, और साथ ही नीतिगत निर्णयों में भी उनकी राय ली जाए।

कैरा सहकारी समिति ने धीरे-धीरे सरकार से पूरी क्रीमरी पट्टे पर ले ली। जनवरी 1952 में, कैरा सहकारी समिति को अनुबंध पर बंबई मिल्क स्कीम को दूध की आपूर्ति का एकाधिकार दे दिया गया। इससे भी पहले, अक्टूबर 1949 में ही, मिल्क कोआपरेटिव कंज्यूमर सोसायटी के जरिए समिति ने केवल आनंद में ही दूध बेचा था। पास के नडियाड शहर और स्थानीय संस्थानों को 1952 की शुरूआत में दूध बेचना शुरू हो गया था। उसी साल घी बनाकर कैरा जिले, वडोदरा, सूरत, अहमदाबाद और बंबई में बेचा गया। ये सभी बहुत छोटे और सीमित बाजार थे।

अक्टूबर 1952 में, कोलंबो योजना के तहत एक सीनियर फेलोशिप पर, डेरी प्लांट डिजाइन और डेरी इंजीनियरिंग का अध्ययन करने के

लिए कूरियन न्यूजीलैंड गए। 1953 में जब वे वापस लौटे तो उन्होंने देखा कि कैरा सहकारी डेरी का विस्तार करने की योजनाएं बन रही हैं।

सन 1953 का साल कूरियन के जीवन का महत्त्वपूर्ण वर्ष था। कूरियन ने 15 जून, 1953 को लंबे बालों और भूरी आंखोंवाली सुंदर कन्या मोली पीटर से विवाह कर लिया। मोली पीटर के. एम. फिलीप की साली थी। फिलीप एक प्रतिष्ठित व्यवसायी एवं समाजसेवी थे और 'मलयाला मनोरमा' के मालिकों के परिवार से थे। मोली और कूरियन के पिता मित्र थे। मोली ने शीघ्र ही समझ लिया कि उनके पति का जीवन आनंद के इर्द-गिर्द ही है।

अक्टूबर 1955 में, भारत के तत्कालीन प्रधानमंत्री पंडित नेहरू ने आनंद में कैरा सहकारी समिति की नई डेरी का उद्घाटन किया। नई डेरी जो अब से अमूल डेरी के नाम से जानी जाएगी, एशिया की अपनी ही तरह की सबसे बड़ी डेरी थी। इसमें ताजा क्रीम से मक्खन बनाकर उसे पैक करने के सभी उपकरण थे। भारत में यह पहला ऐसा संयंत्र था जो स्प्रे ड्राइड विधि से मिल्क पावडर बनाता था और शायद विश्व-भर में यह पहला था जो इसे भैंसों के दूध से बनाता था। आनंद से जाने से पहले पंडित नेहरू ने कूरियन को गले लगाते हुए कहा, "मुझे खुशी है कि इस देश में आप जैसे लोग भी हैं जो ऐसा काम कर सकते हैं जैसा आपने किया है।"

अमूल ब्रांड नाम से पहला उत्पाद 1955 में बाजारों में आया। इसके बाद से तो भारत और दूसरे देशों में लाखों घरों में इनका इस्तेमाल होने लगा। 'अमूल' नाम संस्कृत के शब्द 'अमूल्य' से लिया गया है जिसका अर्थ है—मूल्यवान या बहुमूल्य। यह मूल्यवान है इसमें कोई संदेह नहीं, क्योंकि यह ब्रांड देश को पोषण और किसानों को आर्थिक स्वतंत्रता प्रदान करता है। यह ब्रांड नाम इतना प्रसिद्ध हुआ

कि देश-विदेश के बाजारों में छा गया। यह इतना समर्थ था कि बहुराष्ट्रीय कंपनियों को भी चुनौती दे सकता था।

कूरियन में असीम प्रबंधन क्षमता थी, और वह हमेशा कुछ नया करनेवालों में से थे और मजबूत इरादों के होने के साथ ही अपने उद्देश्य की रक्षा करने का साहस उनमें बहुत था। वह एक शक्तिशाली उद्योगपति की कर्मशक्ति और महत्त्वाकांक्षा को छोटे किसान दुग्ध उत्पादकों की समिति के प्रबंधन के लिए ले आए।

त्रिभुवनदास पटेल और वर्गीज कूरियन के अलावा अमूल डेरी की सफलता में एक और व्यक्ति का भी हाथ था, वह थे–हरिचंद डालया। मिशिगन स्टेट यूनिवर्सिटी में वह वर्गीज कूरियन के सहपाठी थे। डालया टेक्नोलोजी के जादूगर थे। इस प्रकार कूरियन की दूरदर्शिता, निष्ठा, समर्पण और प्रबंधन कौशल; डालया की डेरी में उत्कृष्ट निपुणता; और त्रिभुवनदास पटेल के ग्रामीण किसानों से संपर्क ने मिलकर कैरा सहकारी समिति को इतना सफल बनाया।

डालया के श्रेष्ठ तकनीकी कौशल ने अमूल को आनेवाले दिनों में भैंस के दूध से बेबी फूड, चीज, कंडेंस्ड मिल्क और चाकलेट जैसे डेरी उत्पाद बनाने लायक बना दिया।

आनंद पैटर्न

निजी व्यापारियों और मिल्क कमिश्नर के तमाम विरोध और बाधाओं के बावजूद 1950 के उत्तरार्ध तक, अमूल देश के सबसे बड़े किसान संगठनों में से एक बन गया। अमूल ने आसपास के जिलों में अपने ही जैसी पांच अन्य डेरियों के बनने में भी मदद की।

"इन सभी छह डेरियों ने कैरा सहकारी समिति द्वारा सबसे पहले बनाए प्रबंधकीय कार्यों, उपनियमों और संरचनाओं का

परीक्षण किया। अंत में, उन्होंने कुछ सिद्धांत बनाए जो डेरी सहकारी समितियों को सुचारू रूप से चलाना सुनिश्चित करेंगे; ये सिद्धांत 'आनंद पैटर्न' के नाम से जाने गए।"

आनंद पैटर्न में ये विशेषताएं थीं : ग्राम स्तर पर प्राथमिक दुग्ध उत्पादक सहकारी समितियां होंगी। इसके सदस्य इन समितियों में अपना-अपना दूध लाकर जमा करेंगे और शाम को उसमें स्थित वसा के हिसाब से उनको भुगतान किया जाएगा। नियमित भुगतान के साथ ही सोसायटी को होनेवाले वार्षिक लाभ में से भी दुग्ध उत्पादकों को कुछ हिस्सा दिया जाएगा। प्रत्येक ग्राम सहकारी समिति एक चुनी हुई प्रबंध समिति के जरिए कार्य करेगी।

एक जिले में ग्राम सहकारी समितियों की संख्या 20 से लेकर 1,000 तक हो सकती है, जो एक साथ मिलकर उस जिले में सहकारी समितियों की एक यूनियन बनाती हैं। जिसके जरिए वे एक डेरी संयत्र की मालिक बनकर उसे चलाती हैं और अपने दूध को संसाधित करके अपना दूध और दूध से बने उत्पाद बाजार में बेचती हैं। इन यूनियनों के जरिए ही वे अपने लिए विशेषज्ञों, प्रबंधकों, प्रौद्योगिकी विशेषज्ञों को अपना डेरी संयत्र चलाने एवं पशु चिकित्सकों को मवेशियों की देखभाल आदि कार्यों के लिए नियुक्त करती हैं। यूनियन में शामिल ग्राम सहकारी समितियों के अध्यक्ष, यूनियनों के निदेशक मंडलों और अध्यक्ष का चयन करते हैं, जो यूनियन की नीतियां निर्धारित करते हैं तथा इसका महाप्रबंधक नियुक्त करते हैं, इसके मुख्य प्रशासक के रूप में जो यूनियन के कार्यों के संचालन के लिए जिम्मेदार होता है।

सन 1955 से 1965 के दौरान यूनियन का पूरा ध्यान इसी बात पर रहा कि मवेशियों की चिकित्सा और देखभाल; संतुलित और पौष्टिक आहार, कृत्रिम गर्भाधान सुविधाओं द्वारा दूध उत्पादकों के

दूध का उत्पादन बढ़ाने और उत्पादन का आधुनिकीकरण किस तरह किया जाए। उत्पादकों का दूध बेचने से यूनियन को हुई बचत में से सहकारी समितियों को उक्त सेवाओं के लिए धन दिया जाता था।

कूरियन ने बताया कि आनंद पैटर्न का सबसे महत्त्वपूर्ण कार्य, केवल दूध का उत्पादन बढ़ाना ही नहीं था, बल्कि ग्रामीण दूध उत्पादकों को इस बात के प्रति जागरूक करना भी था कि वे अपना उत्पादन और आमदनी बढ़ाने के लिए आधुनिक प्रौद्योगिकी के साधनों का भी इस्तेमाल कर सकते हैं।

आज आनंद उन्नति करके धूल-धूसरित एक छोटे-से गांव से एक व्यस्त व्यावसायिक केंद्र में परिवर्तित हो गया है। आज आनंद के आस-पास इंजीनियरिंग उद्योग और कई लघु उद्योग हैं जो दूध जांचने का उपकरण, शीशे से बनी चीजें आदि कई तरह की वस्तुएं बनाते हैं। इसके अतिरिक्त प्रसिद्ध ग्रामीण प्रबंधन संस्थान, त्रिभुवनदास फाउंडेशन, गुजरात कृषि विश्वविद्यालय जैसे कई संस्थान भी यहां हैं।

राष्ट्रीय डेरी विकास बोर्ड

कैरा जिले की सहकारी समितियों के साथ काम करते-करते कूरियन ने महसूस किया कि जब तक गांवों के गरीबों का विकास नहीं होगा तब तक भारत का सच्चा विकास संभव नहीं है।

सहकारी समितियां ही ऐसी प्रणाली हैं जो बुनियादी स्तर पर लोगों को सशक्त बनाकर इस प्रकार का सच्चा विकास कर सकती हैं। अपने व्याख्यान 'डेरीइंग एज एन इंस्ट्रूमेंट आफ चेंज (परिवर्तन के साधन के रूप में डेरी प्रणाली)' में कूरियन ने कहा, "सच्चा विकास ऐसा हो जो आधुनिकीकरण की प्रक्रिया को बहुसंख्यकों, यानी गांव के गरीबों की सेवा में ले आए। इसे इन लोगों तक न केवल वह

अल्पमात्रा पहुंचाना ही चाहिए जो इनके साधारण-से आहार के लिए जरूरी है, बल्कि वे साधन भी, जिनके जरिए वे एक साथ मिलकर अपने लिए आधुनिक विज्ञान और संगठन के लाभ प्राप्त कर सकें और इस प्रक्रिया में वे साधन, जिनमें वे अपने लिए हर गांव में एक सोसायटी बना सकें, जो स्वयं में ही संपूर्ण हो, मगर उसे अपने पड़ोसियों की चिंता हो और अपने सभी बच्चों का उज्ज्वल भविष्य देखने की क्षमता हो।"

बीस वर्षों से भी कम समय में कैरा सहकारी समिति एक प्रतिष्ठित समिति बन गई। स्वतंत्रता प्राप्ति के बाद से कूरियन हर प्रधानमंत्री से सहयोग लेने में सफल रहे।

सन 1964 में, जब तत्कालीन प्रधानमंत्री लालबहादुर शास्त्री आनंद से आठ किलोमीटर दूर, कंजरी स्थित कैरा सहकारी समिति की पशु आहार बनाने की आधुनिक फैक्ट्री का उद्‍घाटन करने आए, तब उन्होंने इच्छा प्रकट की कि वह किसी किसान के घर ठहरना चाहते हैं। कूरियन ने तुरंत सारा इंतजाम कर दिया। शास्त्रीजी उस रात गांव के एक किसान के घर में चारपाई पर सोए। अगले दिन शास्त्रीजी ने कूरियन से देश के अन्य भागों में भी आनंद जैसा उत्साह जगाने को कहा। परिणामस्वरूप, 1965 में राष्ट्रीय डेरी विकास बोर्ड (नेशनल डेरी डिवेल्पमेंट बोर्ड) का गठन किया गया।

उस समय भारत का दुग्ध व्यवसाय असंगठित स्थिति में था। दूध एकत्र करने की प्रणाली कार्यकुशल नहीं थी और डेरियां गांवों से अधिक दूध इकट्ठा नहीं कर पाती थीं क्योंकि वे शहरी क्षेत्रों में थीं। दूध के कारोबार पर दूध के ठेकेदारों का कब्जा था। दूध की अनियमित आपूर्ति के जरिए बिचौलिए, ग्रामीण दूध उत्पादकों और शहरी ग्राहकों, दोनों ही का शोषण करते थे। कैरा यूनियन बनने से पहले देश के विभिन्न भागों में यही स्थिति थी।

श्वेत क्रांति (ऑपरेशन फ्लड)

जब राष्ट्रीय डेरी विकास बोर्ड का गठन किया गया उस समय कूरियन, कैरा यूनियन के महाप्रबंधक थे। उन्हीं को बोर्ड का प्रथम संस्थापक अध्यक्ष बनाया गया। 1960 के उत्तरार्ध में देशभर में आनंद पैटर्न की डेरियां बनाने के लिए बोर्ड ने ऑपरेशन फ्लड नाम से एक कार्यक्रम तैयार किया। इसका लक्ष्य था देश में डेरी उद्योग को संगठित और विकसित करना। उस समय पश्चिमी यूरोप में दूध का पावडर और बटर आयल अतिरक्त मात्रा में हो जाने से ई.ई.सी. देश परेशान थे। वे इन चीजों को किसी देश को भेंट कर देना चाहते थे जो उनका उपयोग कर सके। कूरियन और राष्ट्रीय डेरी विकास बोर्ड ने इस अवसर से लाभ उठाने का निश्चय किया। जैसा कि बोर्ड की विवरण पुस्तिका से पता चलता है, 'रा.डे.वि.बो. का एक अरब लीटरवाला विचार' जिसमें बोर्ड अगर दूध के पावडर और बटर आयल को मिलाकर तरल दूध बना सके और इसे भारत के प्रमुख शहरों में उचित दाम पर बेच सके, तो यह अपने डेरी विकास कार्यक्रम के लिए पर्याप्त हो इतना धन तो कमा ही लेगा। शास्त्रीजी इस कार्यक्रम के बारे में बहुत उत्सुक थे।

कूरियन ने बाद में कहा था, "दूध बहुत जल्दी खराब होनेवाली चीज है। गरमी में इसकी आपूर्ति कम हो जाती है और सरदियों में अधिक। बाजार आपूर्ति के अनुसार घट-बढ़ नहीं सकता, इसलिए आपको संतुलन की सुविधाओं की जरूरत होती है। और फिर जब ये संतुलन सुविधाएं आपके पास हो जाती हैं, जो आपको सरदी के उत्पादन को आगे तक ले जाने और बाजार को मुट्ठी में करने योग्य बना देती हैं तभी आपको दूध मिलने लग जाता है। और यही ऑपरेशन फ्लड का उद्देश्य और कार्यप्रणाली है।"

भारत सरकार ने राष्ट्रीय डेरी विकास बोर्ड के प्रस्ताव को मंजूरी दे दी और विश्व खाद्य कार्यक्रम को इसकी सूचना भेज दी। विश्व खाद्य कार्यक्रम 1,26,000 टन दूध पावडर और 42,000 टन बटर आयल देने पर राजी हो गया, जिससे 10 लाख 38,000 लीटर दूध बनाकर भारत के शहरों में बेचा गया। इससे 100 करोड़ रुपए की आमदनी होने की आशा थी। इन रुपयों का उपयोग भारत के डेरी उद्योग का आधुनिकीकरण करने में किया जानेवाला था। इस प्रकार ऑपरेशन फ्लड आरंभ करने की पूरी तैयारी हो गई थी। मूल रूप से यह परियोजना विश्व खाद्य कार्यक्रम भारत 618 के नाम से जानी जाती थी। कूरियन ने इसे नया नाम दिया-ऑपरेशन फ्लड, क्योंकि उनका विचार शहरों में दूध की नदियां बहा देने का था।

इस कार्यक्रम के तहत आनंद की तर्ज पर एक प्रणाली, एक सहकारी ढांचा तैयार करना था। बोर्ड की विवरण पुस्तिका के अनुसार, इस प्रणाली पर सामूहिक स्वामित्व होगा, जिस पर दूध उत्पादक सदस्यों का नियंत्रण होगा और वही इसे चलाएंगे जिससे वे अपने दुग्ध उत्पादों को स्वयं ही प्राप्त कर, संसाधित करके बाजार में बेचने में सक्षम बनेंगे। यह एक ऐसी प्रणाली है जो उन्हें बढ़िया दूध हासिल करने और इसकी गुणवत्ता और मात्रा मापने के बाद उसका दाम चुकाने के लिए प्रोत्साहित करेगी, यह एक ऐसी प्रणाली होगी जिसमें बिचौलिए होंगे ही नहीं और इससे किसान सदस्य लाभान्वित होंगे क्योंकि जो लाभ होगा उसका अंश सीधे उन तक पहुंचेगा। इस प्रणाली में सदस्य किसान जितना चाहें उतने दूध का अधिक उत्पादन करके उचित मूल्य पर बेच सकेंगे।

कूरियन कहते हैं कि, "नेशनल डेरी डिवेल्पमेंट बोर्ड बनाने के पीछे यही विचार था कि किसान के प्रामाणिक स्वामित्व वाली सहकारी समितियां गठित करने को बढ़ावा देने के लिए, जो अपने उत्तम

उत्पादों को हासिल कर, उन्हें संसाधित करके बाजार में बेचे। आनंद की तर्ज पर हर राज्य में सहकारी समितियां बनाई जाएं।"

मदर डेरियां

ऑपरेशन फ्लड के तहत पहली योजना तो यह बनाई गई कि भीतरी हिस्सों में स्थित उन गौशालाओं में, जो भारत के चार प्रमुख शहरोंः बंबई, कलकत्ता, दिल्ली और मद्रास में दूध की आपूर्ति करती हैं, आनंद की तर्ज पर 18 डेरी सहकारी यूनियनें बनाई जाएं।

सन 1976 के अंत तक ऑपरेशन फ्लड के अंतर्गत आनंद की तर्ज पर 14 दुग्ध यूनियनें बन गई थीं और कुल मिलाकर 4,530 ग्राम दुग्ध सहकारी समितियां हो गई थीं। चार प्रमुख शहरों में आधुनिक डेरियों ने अपने सम्मिश्रित दूध का उत्पादन 9,10,000 लीटर से बढ़ाकर 14,70,000 लीटर प्रतिदिन कर लिया।

इन शहरों के लिए दूध को फिर से सम्मिश्रित करने के लिए मदर डेरियां बनाई गईं। ये मदर डेरियां शहरी डेरियां थीं, जो मशीन के जरिए खुला पाश्चुरीकृत दूध बेचती थीं। (यह ऐसी प्रणाली है, जिसमें मशीन के छेद में टोकन डालकर कोई भी अपने डिब्बे में दूध ले सकता है।) ये डेरियां आवश्यकता पड़ने पर सम्मिश्रित दूध को संचित करके, शुद्ध और होमोजेनाइन करती हैं। मदर डेरियों की यह प्रणाली शहर के गरीब ग्राहकों के फायदे को ध्यान में रखकर बनाई गई थी। पोषक तत्व संतुलन डेरियां भी बनाई गईं जो वसा और ठोस तत्वों को दूध में से निकालकर उन्हें संग्रहित कर लेती थीं और कम आवकवाले समय में दोनों को फिर से मिला देती थीं।

ऑपरेशन फ्लड के अंतर्गत, 1986 में, 40 लाख 1000 किसानों ने स्वयं को 41,000 ग्राम दुग्ध सहकारी समितियों में संगठित किया

और वे फिर 152 जिला सहकारी यूनियनों में संघबद्ध हो गईं जो डेरी संयंत्रों, पशु आहार संयंत्रों और द्रुतशीतन संयंत्रों आदि की मालिक थीं। ये सब फिर भारत के कई राज्यों में 22 राज्य परिसंघों में संघबद्ध हो गईं। राज्यों में डेरी विकास कार्यक्रमों को चलाने के लिए धन जुटाने हेतु, उपहार में मिली सामग्री ग्रहण करने, उसका भंडारण करने और उसे बेचने आदि कार्यों के लिए भारतीय डेरी विकास निगम की स्थापना की गई। राष्ट्रीय डेरी विकास बोर्ड का काम था ऑपरेशन फ्लड को प्रबंधकीय सहयोग और परामर्श सेवाएं प्रदान करना। भारतीय डेरी विकास निगम का काम उनका कार्यान्वयन करना था।

सन 1978 में दूध का राष्ट्रीय ग्रिड भी बनाया गया। इसका काम था अधिक दूध उत्पादनवाले क्षेत्रों से कमीवाले क्षेत्रों में दूध की आपूर्ति करना; मौसमों के बीच में दूध के इस्तेमाल को संतुलित करना और अधिक दूध उत्पादनवाले मौसमों में दूध को पावडर और बटर आयल के रूप में संरक्षित कर लेना और दूध की कमीवाले मौसमों में दोनों को मिलाकर फिर से दूध में बदल देना। इस कारण अच्छी गुणवत्तावाले दूध की नियमित आपूर्ति; ग्राहकों के लिए स्थिर कीमत; एक स्थिर बाजार; और दूध उत्पादकों को सालभर आमदनी का नियमित स्रोत मिल जाता है।

आज 81,000 ग्राम सहकारी समितियों के एक हिस्से के रूप में एक करोड़ किसान इसके सहभागी हैं। ये 1,000 से भी अधिक शहरों और कस्बों में प्रतिवर्ष 50 लाख टन दूध की आपूर्ति करते हैं। किसानों को 1972 में दूध की कीमत के रूप में 210 करोड़ रुपये मिले थे। हाल ही में बढ़कर ये 400 करोड़ हो गए।

दूध की प्रति व्यक्ति खपत 1970 में 107 ग्राम थी, जो 2002 में बढ़कर 220 ग्राम से भी अधिक हो गई। 70.8 मिलियन टन दूध

उत्पादन करके भारत, विश्व का सबसे बड़ा दूध उत्पादक बन गया है। राष्ट्रीय डेरी विकास बोर्ड ने 1986 में लंबे समय तक खराब न होनेवाले दूध को टेट्रा पैक में अमूल ब्रांड के नाम से बाजार में उतारा। टेट्रा पैक में दूध को अत्यंत उच्च तापमान पर जीवाणुरहित करके शुद्धतापूर्वक पैक किया जाता है।

कूरियन कहते हैं कि ऑपरेशन फ्लड की तीन महान उपलब्धियां रहीं: डेरी व्यवसाय को भारत का सबसे बड़ा आत्मनिर्भर ग्रामीण रोजगार कार्यक्रम बनाना; भारत को दुग्ध उत्पादन में आत्मनिर्भरता की स्थिति तक लाना; ढाई दशकों के अंदर ही देश का दुग्ध उत्पादन तीन गुना करके भारत को विश्व का सबसे बड़ा दुग्ध उत्पादक बना देना।

कूरियन के शब्दों में, "ऑपरेशन फ्लड के जरिए दूध, उपभोक्ता वस्तु से एक ब्रांड में, अपर्याप्त उत्पादन से पर्याप्त उत्पादन; नियंत्रित वितरण से प्रचुर मात्रा में उपलब्धता; खुले अस्वास्थ्यकर दूध से ऐसे दूध में जो शुद्ध और विश्वसनीय हो, परवशता से किसानों की आर्थिक स्वतंत्रता के प्रतीक के रूप में और उपभोक्ताओं के अच्छे स्वास्थ्य की श्रेष्ठतम बीमा पॉलिसी के रूप में परिवर्तित हो गया है।"

नई दिशाएं

कूरियन ने 1979 में आनंद में ग्राम प्रबंधन संस्थान शुरू किया। मूलतः तो उन्होंने इसे देश-भर में स्थापित की जा रहीं सहकारी समितियों को प्रबंधकीय प्रशिक्षण और शोध में सहायता देने के लिए शुरू किया था। आनेवाले वर्षों में इसने तिलहनों, फलों, सब्जियों और वनविद्या के क्षेत्रों को भी इसमें शामिल कर लिया।

गुजरात सहकारी विपणन परिसंघ, जिसे कूरियन ने 1973 में

स्थापित किया था, अमूल उत्पादों को भारत और दूसरे देशों के बाजारों में बेचने का काम करती है। राष्ट्रीय डेरी विकास बोर्ड ने मिनरल वाटर का अपना ही ब्रांड–जलधारा बाजारों में उतारा है। राष्ट्रीय डेरी विकास बोर्ड का फल और सब्जी कार्यक्रम सफल भी शुरू हो गया है जो फल और सब्जी उगानेवाले किसानों और उपभोक्ताओं के बीच सीधे संपर्क का काम करता है।

गरीब उपभोक्ताओं को ध्यान में रखते हुए राष्ट्रीय डेरी विकास बोर्ड ने 1976 में चायसाथी के नाम से एक नया दूध उत्पाद निकाला। यह दूध की तरह दिखता है और दूध का ही काम करता है। इसमें हाइड्रोजेनेटेड वेजिटेबल फैट, वेजिटेबल प्रोटीन, सिंथेटिक इमल्सिफायर, स्टेबिलाइजर और नमक (टोंड दूध में ये सब प्राकृतिक अवस्था में होते हैं) होता है। उतनी ही मात्रा के टोंड दूध में जितना होता है इसमें विटामिन ए उससे तीन गुना होता है।

ऑपरेशन फ्लड ने ग्रामीण गरीबों को उनके दूध की अच्छी कीमत चुकाकर उनकी मदद की, फिर इसने शहरी गरीबों को उचित मूल्य पर दूध बेचकर उनकी भी मदद की।

सन 1970 के नोबेल शांति पुरस्कार से सम्मानित डा. नार्मन बोरलाग ने वर्गीज कूरियन और उनके ऑपरेशन फ्लड कार्यक्रम की इन शब्दों में प्रशंसा की, "ऑपरेशन फ्लड की आश्चर्यजनक सफलता के पीछे कूरियन का लगभग अदृश्य कुशल मार्गदर्शक हाथ, दूरदर्शिता, प्रतिभाशाली बुद्धि और बेजोड़ कौशल है।" सहकारी समितियों को पुरातनकालीन कानूनों से मुक्ति दिलाने के लिए किसानों के मुद्दे को लेकर कूरियन आजीवन संघर्ष करते रहे।

राष्ट्रीय डेरी विकास बोर्ड ने हाल ही में जाइंट वेंचर कंपनियां बनाने में जो दिलचस्पी दिखाई है उसे भी कूरियन का कोपभाजन बनना पड़ा है। कूरियन ने कहा, "यह सहकारिता के दर्शन और

प्रयोग पर भयानक आघात है। जाइंट वेंचर मॉडल में सबसे बड़ा खतरा तो यह है कि यह देश-भर में मौजूदा विपणन परिसंघों को छिन्न-भिन्न कर देगा। और यदि जाइंट वेंचर मॉडल सफल नहीं रहता, तो विपणन परिसंघों को सहारा देने के लिए न तो कोई संगठन बचेगा और न ही हुनर। इस प्रकार जाइंट वेंचरों का प्रयोग लाभप्रद सहकारी आंदोलन को कमजोर बना देगा और आत्मनिर्भर किसानों को आश्रित बना देगा।"

सम्मान

डेरी उद्योग को उनके उत्कृष्ट योगदान के लिए वर्गीज कूरियन को कई प्रतिष्ठित पुरस्कारों से सम्मानित किया गया। वे ये हैं:– सामुदायिक नेतृत्व के लिए 1963 में रेमन मेगसायसाय पुरस्कार; 1965 में पद्मश्री; 1966 में पद्भभूषण; 1986 में कृषि रत्न; 1986 में कार्नेगी फाउंडेशन का वाटलर शांति पुरस्कार; 1989 में विश्व खाद्य पुरस्कार; वर्ल्ड डेरी एक्सपो, मेडिसन, विसकोंसिन, यू.एस.ए. द्वारा इंटरनेशनल परसन आफ द इयर (1993) पुरस्कार; एवं 1999 में पद्म विभूषण।

वर्गीज कूरियन के 80वें जन्मदिन पर पत्नी मौली ने आनंद में अमूल और श्वेत क्रांति का इतिहास दर्शानेवाले एक म्यूजियम का उद्घाटन किया। वह व्यक्ति जिसने श्वेत क्रांति आंदोलन शुरू किया और अमूल का निर्माण किया, इन सभी का श्रेय जनशक्ति को देता है। कूरियन कहते हैं, "अमूल डेरी इस बात की अभिव्यक्ति है कि जब किसान अपने अधिकार पर दृढ़ रहकर किसी मुद्दे के लिए संघर्ष करते हैं, तो क्या होता है।"

"सफलता केवल उन्हीं को मिलती है जो दृढ़ रहते हैं, जिनका ध्यान निरंतर अपने लक्ष्य पर ही केन्द्रित रहता है और उसे प्राप्त करने के लिए जो अविचल प्रयत्न करते रहते हैं और जिस मुद्दे को लेकर वह संघर्ष कर रहे हैं उस पर निष्ठा और आस्थापूर्वक डटे रहते हैं।"

वर्गीज कूरियन

(आनंद के रूरल मेनेजमेंट संस्थान के छठे दीक्षांत समारोह में बोलते हुए)

सुंदरलाल बहुगुणा

गिरिजा रानी अस्थाना

"वन क्या धारण करते हैं?
मिट्टी, जल और शुद्ध वायु,
मिट्टी, जल और शुद्ध वायु
ये ही जीवन का आधार हैं"

"पेड़ों से चिपक जाओ और
उन्हें कटने से बचा लो;
ये हमारे पहाड़ों की संपत्ति हैं
इनको लुटने से बचा लो।"

चिपको कविता

सुंदरलाल बहुगुणा

आरंभिक वर्ष

किसी समय एक राजा हुआ करता था। हिमालय पर्वतों में गंगा नदी के स्रोत के निकट गढ़वाल की पहाड़ियों पर उसका शासन था। उसकी धरती हरी-भरी थी, प्रजा खुशहाल थी और चारों ओर सुख-समृद्धि थी। फिर एक विदेशी वहां आया। उसका नाम विल्सन था। वहां की वन-संपदा ने उसे मुग्ध कर दिया। वह एक लालची इंसान था। उसने सोचा कि यहां की प्राकृतिक वन-संपदा का दोहन करके क्यों न मालामाल हो जाऊं। उसने दुर्लभ पक्षियों को मारकर, उनमें भूसा भरकर दूसरे देशों में निर्यात करना शुरू कर दिया। उसने इमारती लकड़ी के लिए पेड़ों को काटना और लट्ठों को गंगा में बहाकर नीचे की ओर भेजना भी शुरू कर दिया, जहां उनका व्यावसायिक इस्तेमाल होने लगा।

अब वह राजा के पास गया और उसे सोने के सिक्के भेंट किए। राजा ने अपने जीवन में इतनी दौलत कभी नहीं देखी थी। उसकी संपत्ति तो अनाज, भूमि और जंगलों के रूप में थी। उसकी आंखों में लालच की चमक दिखाई दी। राजा ने उस विदेशी से पूछा कि इतनी

दौलत कहां से आई। विदेशी ने कहा, "महाराज, आपके जंगलों में धन-दौलत भरी पड़ी है। अगर आप मुझे पेड़ों को काटने और पक्षियों को मारने की अनुमति दे दें, तो शीघ्र ही हम यहां के सबसे धनवान व्यक्ति बन जाएंगे।" राजा को उसकी बात पसंद आई। और फिर, ईश्वर की धरती का विनाश शुरू हो गया।

अब उस विदेशी ने एक स्थानीय लड़की से विवाह कर लिया और खुद को राजा कहलाने लगा। इस तरह राजा विल्सन हिमालय के पर्वतों में वनों के विनाश का प्रवर्तक बना।

वैसे पढ़ने में तो यह बात किसी परी कथा की तरह लगती है। किंतु अफसोस! ऐसा है नहीं। यह उत्तराखंड के गढ़वाल क्षेत्र की सच्ची घटना है। यह उस विनाश की शुरूआत थी जो केवल गढ़वाल तक ही सीमित नहीं रहा, बल्कि सारे हिमालय क्षेत्र में फैल गया था। गढ़वाली स्त्रियों की आस्था थी कि ये वन मिट्टी, जल और शुद्ध वायु धारण करते हैं—जो हमारे जीवन का आधार हैं। ये जीवनदाता वन गायब हो गए और उनके साथ ही गायब हो गई मिट्टी, जल और शुद्ध वायु। पहाड़ के हजारों लोगों का जीवन इससे प्रभावित हुआ। धीरे-धीरे पानी की कमी होती गई। दूर-दूर से पानी लाने की जिम्मेदारी पहाड़ की स्त्रियों के सिर आ पड़ी। ये स्त्रियां सुबह से लेकर देर रात तक खटती रहतीं। पानी और जलाऊ लकड़ी के लिए इन्हें दूर-दूर तक चलकर जाना पड़ता।

इन्हीं गांवों में से एक गांव में एक छोटा बच्चा रहता था। उसने देखा कि उसकी मां भोर में 4 बजे से लेकर रात के 10 बजे या कभी-कभी तो इससे भी देर तक लगातार काम में जुटी रहती थी। जब भी कभी उसकी मां जलाऊ लकड़ी या चारे के बोझतले बहुत ही थक जाती तो कहती, "हे भगवान, अब और नहीं होता। इससे तो तू मुझे मौत ही दे दे। तो अच्छा है।"

वह छोटा बच्चा अपनी मां के इन शब्दों को जीवनभर भुला नहीं पाया। उसने प्रतिज्ञा की कि वह पहाड़ की सभी औरतों की इस तकलीफ को दूर करेगा। अपने इस उद्देश्य को पूरा करने के लिए वह जीवनभर संघर्ष करता रहा और अब भी कर रहा है। वह छोटा बच्चा और कोई नहीं, गांधीवादी और पर्यावरणवादी सुंदरलाल बहुगुणा थे, जिन्होंने चिपको आंदोलन शुरू किया था। उन्होंने कहा था, "मेरी अंतिम इच्छा उनके इस कष्ट को दूर करना है ताकि फिर कभी किसी भी स्त्री को मेरी मां के कहे शब्दों को दोहराने की जरूरत ही न पड़े।"

गंगा के प्रति प्रेम

सुंदरलाल बहुगुणा का जन्म 9 जनवरी, 1927 को भागीरथी नदी के किनारे टिहरी गढ़वाल के दस परिवारवाले एक छोटे-से गांव मरोरा में हुआ था। उनके पिता अंबादत्त बहुगुणा एक साहसी व्यक्ति थे। कड़े परिश्रम के बल पर ही वह गढ़वाल राज्य के वन अधिकारी के पद तक पहुंच पाए थे। उनके मन में गंगा नदी के प्रति गहरी श्रद्धा थी। गंगा के प्रति यह श्रद्धा सुंदरलाल बहुगुणा को अपने पिता से विरासत में मिली थी और बांधों के कारण नदी को नुकसान पहुंचने से रोकने के लिए उन्होंने अपना जीवन समर्पित कर दिया। सुंदरलाल बहुगुणा को कम आयु में ही जनता पर राजा के कड़े शिकंजे की जानकारी हो गई थी। सुंदरलाल, उनके दो भाईयों और दो बहनों ने छोटी आयु में ही उस राजा के बारे में कई कहानियां सुन ली थीं।

दुर्भाग्य से सुंदरलाल ने छोटी उम्र में ही अपने पिता को खो दिया था। उनकी मां पूर्णादेवी ने ही उनका पालन-पोषण किया था। उन पर अपनी मां का गहरा प्रभाव पड़ा। वह अपनी मां के कठिन

परिश्रम को अकसर याद करते रहते थे। उन्होंने हिन्दी में अपनी मां के बारे में एक रूपरेखा-लेख लिखा जिसे व्यापक रूप से पढ़ा गया और हिन्दी में लिखे उनके लेख की भूरि-भूरि प्रशंसा हुई।

आरंभिक शिक्षा के लिए उन्हें अपने गांव से दूर जाना पड़ा। इससे उनके ज्ञान की सीमा के विस्तार में मदद मिली। वह स्कूल में ही थे जब उन्होंने महात्मा गांधी और उनके स्वतंत्रता आंदोलन के बारे में सुना। एक बार खादी के वस्त्र पहने एक आदमी उनके गांव में आया। उसके हाथ में एक बक्सा था। बच्चों ने उससे पूछा कि बक्से में क्या रखा है। उस आदमी ने बक्सा खोला। उसमें चरखा रखा था। उसने गांधीजी के बारे में बताया। उसने सुंदरलाल से पूछा, “तुम बड़े होकर क्या करना चाहोगे?”

“मैं राजा की सेवा करूंगा,” सुंदरलाल ने जवाब दिया।

इस पर उस आदमी ने गांव के गरीब लोगों के घरों की ओर इशारा करते हुए पूछा, “उनकी सेवा कौन करेगा?” सुंदरलाल ने तुरंत कहा, “मैं करूंगा।” “एक ही समय में दो अलग-अलग मालिकों की सेवा कैसे करोगे?” कहकर वह चले गए।

वह व्यक्ति कोई और नहीं, गांधीवादी और स्वतंत्रता सेनानी देवी सुमन थे। देवी सुमन या सुमनजी का सुंदरलाल पर स्थायी प्रभाव पड़ा। सुंदरलाल ने उन्हें अपना गुरु मान लिया। देवी सुमन ने ही सुंदरलाल को लोगों की सेवा और स्वतंत्रता आंदोलन को अपना जीवन समर्पित करने की प्रेरणा दी।

स्वतंत्रता आंदोलन

उस समय सुंदरलाल मात्र तेरह वर्ष के थे। वह सुमनजी की कही बात के बारे में सोचने लगे। जैसे-जैसे वह इस पर अधिक से अधिक

विचार करते गए वैसे-वैसे उन्हें इसका महत्त्व समझ में आने लगा। उन्होंने ठान लिया कि लोगों की सेवा ही उनके जीवन का मुख्य उद्देश्य होगा। मगर तेरह वर्ष की छोटी-सी आयु में वह स्वतंत्रता संग्राम में किस तरह रचनात्मक योगदान दे पाएंगे? फिर उन्हें एक विचार सूझा। उनके पास लिखने का हुनर था। उन्होंने सोचा कि वह समाचारपत्रों में स्वतंत्रता सेनानियों की गतिविधियों के बारे में लेख लिखेंगे। इस प्रकार दूर-दूर तक स्वतंत्रता का संदेश पहुंचाएंगे। उन्होंने समान विचारोंवाले लड़कों को लेकर एक छोटा-सा दल बना लिया। उन्होंने स्वतंत्रता आंदोलन के बारे में लिखी गई पुस्तकें और साहित्य पढ़ना शुरू कर दिया। उन्होंने नाश्ते के लिए खाने-पीने की वस्तुएं खरीदना बंद कर दिया और बचाए पैसों से पुस्तकें और गांधीवादी साहित्य खरीदने लगे। वह पढ़ने के लिए सुमनजी से भी पुस्तकें मांग लाते।

सुंदरलाल और उनके मित्र स्वतंत्रता आंदोलन में भाग लेने लगे। जब उनकी मां ने इसके बारे में सुना तो वह बहुत परेशान हुईं और उन पर नजर रखने लगीं। लेकिन सुंदरलाल सुमनजी और अपने मित्रों के साथ समय बिताने के लिए किसी न किसी बहाने घर से निकल ही जाते। वह मजदूर वर्ग के आंदोलन में शामिल होने मसूरी भी गए।

जब सुंदरलाल इंटरमीडिएट कक्षा में थे उसी समय सुमनजी को गिरफ्तार कर लिया गया। उन पर राजद्रोह का आरोप लगाया गया था। सुमनजी को टिहरी जेल में कड़ी निगरानी में रखा गया और खूब यातनाएं दी गईं। सुंदरलाल ने किसी तरह उनसे संपर्क किया और जेल के अंदर कोर्ट में मुकदमे की सुनवाई के दौरान जो बयान उन्होंने दिया उसकी एक प्रति हासिल कर ली। इसे उन्होंने राष्ट्रीय अखबारों में प्रकाशित करवा दिया। इतना ही नहीं, सुंदरलाल ने सुमनजी की

गिरफ्तारी और उन्हें दी गई यंत्रणाओं का भी विवरण दिया। इससे पुलिस की बदनामी हुई और टिहरी गढ़वाल में दमन के खिलाफ जनमत तैयार करने में भी मदद मिली।

इस दुष्प्रचार से पुलिस बहुत नाराज थी। वे इसके स्रोत का पता लगाते लगाते सुंदरलाल तक पहुंच गए। उन्हें गिरफ्तार करके नरेंद्र नगर ले जाया गया जहां उन्हें करीब पांच महीनों तक हिरासत में रखा गया। यहीं उन्हें सुमनजी के आत्मबलिदान का पता चला। जेल में दुर्व्यवहार के विरोध में सुमनजी ने अनशन कर दिया था। 84 दिन अनशन के बाद, 25 जुलाई, 1944 को उनकी मृत्यु हो गई थी।

यह सुंदरलाल के लिए गहरा आघात था। जेल में उनके साथ भी निष्ठुर व्यवहार किया गया। उन्हें स्नान करने की अनुमति नहीं मिलती और कई बार उनके भोजन में मिट्टी का तेल मिला दिया जाता। जेल में हो रहे इस निष्ठुर व्यवहार का उन पर बुरा असर तो पड़ना ही था। वह गंभीर रूप से बीमार हो गए। उन्हें स्ट्रेचर पर डालकर डाक्टर के पास ले जाया गया। डाक्टर ने पुलिस को चेतावनी दी कि अगर उन्हें जेल में और अधिक रखा गया तो उनकी जान जाने का डर है। पुलिस ने उन्हें रिहा तो कर दिया लेकिन उन पर कड़ी नजर रखी जाने लगी। इतनी सारी गतिविधियों के बीच भी सुंदरलाल ने अपनी पढ़ाई नहीं छोड़ी।

लाहौर में

रिहा होने के बाद 18 वर्षीय सुंदरलाल ने लाहौर जाने का निश्चय किया। वहां उनके बड़े भाई पढ़ाई कर रहे थे। वह लाहौर के सनातन धर्म कालेज में भर्ती हो गए। आजीविका के लिए वह बच्चों को पढ़ाने लगे। इसके लिए उन्हें सुबह-सुबह तीन मील पैदल चलकर जाना

पड़ता था। इतने श्रम के बाद कहीं जाकर उन्हें दस रुपये महीने की राशि मिलती जो नमक और चाय के साथ रोटी के उनके भोजन के लिए पर्याप्त नहीं थी। कड़े परिश्रम, व्यस्त जीवनचर्या और पर्याप्त पोषण नहीं मिलने के कारण सुंदरलाल एक बार फिर बीमार हो गए। तमाम कठिनाइयों के बावजूद भी सुंदरलाल इतिहास और राजनीतिशास्त्र विषयों में प्रथम आए। उनके प्रोफेसर रोशनलाल वर्मा उनमें दिलचस्पी लेने लगे और उन्होंने सुंदरलाल को समझाया कि सुव्यवस्थित तरीके से काम करो। उनकी सहायता से सुंदरलाल को बेहतर सुविधाएं भी मिलने लगीं। उनके पास पाठ्य पुस्तकें भी नहीं थीं अतः वह अपना अधिकतर समय पुस्तकालय में ही व्यतीत करते। वार्षिक परीक्षा में उनका परीक्षा परिणाम बहुत अच्छा रहा और उन्हें छात्रवृत्ति मिल गई। वार्षिक समारोह में उन्हें पुरस्कारस्वरूप पंडित जवाहरलाल नेहरू की पुस्तक 'डिस्कवरी आफ इंडिया' दी गई। उनके लिए सबकुछ अच्छा ही अच्छा हो रहा था। उनके कालेज के प्रोफेसरों को पूरा विश्वास था कि सुंदरलाल पूरी यूनिवर्सिटी में प्रथम रहेंगे। उनके भाई पढ़ाई खत्म करके गांव चले गए थे। सुंदरलाल प्रजामंडल की लाहौर शाखा के सदस्य बन गए। यह संस्था टिहरी गढ़वाल से आजीविका कमाने लाहौर आए लोगों ने बनाई थी। वह अकसर इसकी बैठकों में शामिल होने लगे।

रविवार 19 जून, 1945 को पुस्तकालय में तीन घंटे अध्ययन करके वह अपने डेरे की ओर लौट रहे थे कि उन्हें पुलिसवालों की साइकिलें दिखाई दी जिनके हैंडलों पर उनकी पगड़ियां रखी हुई थीं। जैसे ही वह फाटक के अंदर घुसे, उनके मित्रों ने उन्हें देख लिया और उन्हें तुरंत खींचकर वहां से ले गए। मित्रों ने उन्हें बताया कि पुलिस उन्हीं के लिए वहां आई थी और गढ़वाल में उनकी पहले की गतिविधियों के लिए ढूंढ़ रही थी। दोस्तों ने उन्हें कहीं छिप जाने की सलाह दी।

उन्हें अग्रवाल होस्टल भेज दिया गया। वहां वह शिमला से आए कामेश्वर पंडित के साथ रहने लगे। कामेश्वर पंडित अर्थशास्त्र में पी.एच.डी. कर रहा था। कामेश्वर सुंदरलाल को कमरे में ताला लगाकर बंद कर जाता। चाहने पर भी सुंदरलाल टिहरी नहीं जा सकते थे क्योंकि वह जानते थे कि जैसे ही उन्होंने टिहरी में पांव रखा, उन्हें गिरफ्तार कर लिया जाएगा।

बाद में सुंदरलाल को लायलपुर भेज दिया गया। उनके दोस्तों ने उन्हें पतलून, कमीज, पगड़ी पहनाकर और चश्मा लगाकर सिख बना दिया। उनका नाम रखा गया सरदार मानसिंह और लायलपुर जानेवाली ट्रेन में बिठा दिया गया। देखभाल के लिए एक मुसलमान दोस्त को उनके साथ भेजा गया। ट्रेन रात में लायलपुर पहुंची। चूंकि सुंदरलाल न तो पंजाबी बोल सकते थे और न ही उर्दू लिख सकते थे, इसलिए उनका परिचय अंबाला से आए ऐसे व्यक्ति के रूप में दिया गया जो नौकरी की तलाश में यहां आया था। लाहौर से उनके साथ जो दोस्त आया था वह मजदूर यूनियन का सचिव था। उसने सुंदरलाल की तरफ से मजदूर के रूप में नौकरी करने के लिए उर्दू में एक आवेदन-पत्र लिखकर भेज दिया।

सुंदरलाल को कैंटिन में बरतन धोने का काम मिल गया। फिर एक दिन शाम को जिला कम्युनिस्ट पार्टी के सचिव सरदार बसंत सिंह मजदूर यूनियन के कार्यालय में आए। कैंटिन में सुंदरलाल को बरतन साफ करते देख उन्हें अच्छा नहीं लगा। उन्होंने किसी सरदार घुला सिंह के बच्चों को पढ़ाने का प्रस्ताव सुंदरलाल के सामने रखा। सरदार घुला सिंह दूर के एक गांव सिखनवाला का बहुत बड़ा किसान था।

घुला सिंह के तीन बेटे और दो बेटियां थीं। घुला सिंह का घर बहुत बड़ा था और किले जैसा दिखता था। सुंदरलाल को अलग एक कमरा दे दिया गया। बच्चों को पढ़ाने की बात से सुंदरलाल बहुत

खुश थे। हालांकि बसंत सिंह ने घुला सिंह से सुंदरलाल की बहुत प्रशंसा की थी मगर उसे जल्दी ही पता चल गया कि सुंदरलाल बच्चों को पढ़ाने के मामले में किसी काम के नहीं हैं क्योंकि न तो वह गुरुमुखी और न ही उर्दू लिख-पढ़ सकते हैं।

इसलिए एक सप्ताह के बाद यह सोचा गया कि मान सिंह को (सुंदरलाल) वापस लाहौर भेज दिया जाए। सुंदरलाल अच्छी तरह जानते थे कि लाहौर में कदम रखते ही पुलिस उन्हें गिरफ्तार कर लेगी। वह वहां से जाने ही वाले थे कि घुला सिंह के सबसे बड़े बेटे निरंजन ने पिता से विनती की कि सुंदरलाल उसके बहुत अच्छे साथी है।इसलिए उन्हें यहीं रहने दें। इस तरह सुंदरलाल को वहीं रहने दिया गया। इससे सुंदरलाल की खुशी का ठिकाना न रहा। उन्होंने गुरुमुखी और उर्दू सीखना शुरू कर दिया। उनके शिष्य ही उनके शिक्षक बने। वह गुरुद्वारे चले जाते और गुरुमुखी का ज्ञान बढ़ाने के लिए गुरु ग्रंथ साहब का पाठ करने लगते।

लाहौर में तो सुंदरलाल गरीबी में रह रहे थे मगर यहां उनके साथ परिवार के सबसे बड़े बेटे की तरह व्यवहार किया जाता था। यहां उनके सुख और आराम के सभी साधन थे, लेकिन गांधीजी की रचनाओं ने उनकी आंखें खोल दी थीं। उन्हें महसूस होने लगा कि जब अधिकांश लोग गरीबी में जी रहे हैं तो वह ऐशो-आराम से कैसे रह सकते हैं। वह एक बार भोजन करने लगे। इसे उन्होंने बाद में जारी रखा। इसी आदत के कारण बाद में उन्हें कई-कई दिनों के अनशन में कोई कठिनाई नहीं हुई। सुंदरलाल चरखा कातने लगे। वह अपने काते सूत से बने कपड़े पहनने लगे। उनके सादे रहन-सहन का उस परिवार के बच्चों के मन पर गहरा प्रभाव पड़ा। वे मेहमानों को मांस और मंदिरा परोसे जाने का विरोध करने लगे। उन्होंने स्वयं भी मांस खाना छोड़ दिया।

जल्दी ही सुंदरलाल ने उर्दू और पंजाबी लिखना-पढ़ना सीख लिया। परिवार के बच्चों ने उनसे हिन्दी सीख ली। घुला सिंह को सुंदरलाल पर बड़ा गर्व था। वह अपने यहां आनेवाले प्रतिष्ठित मेहमानों से यह कहकर उनका परिचय कराते कि वह अंगरेजी बोलते हैं और उनके बच्चों के शिक्षक हैं। अब तक सुंदरलाल पूरी तरह सिख लगने लगे थे। कोई भी उन्हें पहचान नहीं सकता था।

महात्मा गांधी के लेखों ने सुंदरलाल को अछूतों की दयनीय स्थिति का एहसास कराया, जिन्हें सिर पर मैला ढोना पड़ता था। सुंदरलाल सड़कों की सफाई करने लगे। वह मैले पर राख या मिट्टी डाल देते और फिर उसे बाल्टी में भरकर बगीचे में डाल आते।

मई 1946 में सुंदरलाल ने प्रोफेसर रोशनलाल वर्मा को एक पत्र लिखा। प्रोफेसर वर्मा ने उन्हें तुरंत लाहौर आने को कहा। अब उन्हें गिरफ्तारी का कोई डर नहीं था। उन्हें लाहौर में अब कोई नहीं पहचान सकता था। उन्होंने घुला सिंह के परिवार से जाने की अनुमति मांगी। जाने की घड़ी आई तब सभी बहुत भावुक हो गए।

लाहौर पहुंचकर सुंदरलाल ने अपना बी.ए. का पाठ्यक्रम पूरा किया। प्रोफेसर वर्मा ने रहने की जगह दिलाने में उनकी काफी मदद की। अपनी परीक्षाएं समाप्त हो जाने पर सुंदरलाल 1947 में टिहरी लौट आए, फिर कभी लाहौर न लौटने के लिए।

तब तक हिन्दुस्तान का भारत और पाकिस्तान में विभाजन हो गया था।

पहला अनशन

जब सुंदरलाल जन्मभूमि में वापस लौटे तो स्थानीय पुलिस उनके लिए तैयार खड़ी थी। वे उस विद्रोही को भूले नहीं थे जिसने राष्ट्रीय

प्रेस में उनकी इतनी बदनामी की थी। उन्होंने सुंदरलाल को टिहरी शहर में घुसने नहीं दिया। सुंदरलाल ने अनुरोध किया कि उन्हें अपने गृह नगर में जाने दिया जाए। जब उनकी विनती का कोई असर दिखाई नहीं दिया, तो वह अनशन पर बैठ गए। यह उनके संघर्षमय लंबे वर्षों के दौरान किए गए कई उपवासों में से पहला उपवास था। वह शहर में प्रवेश करने के मुख्य स्थान, भागीरथी नदी पर बने पुल के पास अनशन पर बैठ गए। उन्होंने सात दिन उपवास किया।

इस दौरान शहर के कई पुरुष और महिलाएं उनसे मिलने आए। इनसे उन्हें पता चलता रहता था कि वहां क्या हो रहा है। सुंदरलाल ने जाना कि यद्यपि भारत स्वतंत्र हो गया है मगर टिहरी रियासत में किसी तरह की आजादी नहीं थी। एक उग्र आंदोलन धीरे-धीरे उभरने लगा था और वीरेंद्रदत्त सकलानी जैसे युवा नेता आगे बढ़कर लोगों को राजा के खिलाफ संगठित करने लगे थे। सुंदरलाल और सकलानी के बीच आजीवन मित्रता का संबंध बन गया था जो टिहरी बांध के विरुद्ध संघर्ष के दौरान काफी महत्त्वपूर्ण साबित हुआ। टिहरी को राजकीय आधिपत्य से मुक्त करा लिया गया और वह भारतीय गणराज्य में मिल गया।

राजनीति में

सन 1948 में युवा सुंदरलाल ने टिहरी संविधान-सभा के लिए पहली बार चुनाव लड़ा। राजा ने उनके विरुद्ध अपने प्रधान सेनापति को खड़ा किया। सुंदरलाल 200 मतों से हार गए लेकिन उनकी पार्टी, प्रजामंडल पार्टी 31 में से 26 सीटों पर विजयी रही और उन्हें पार्टी का महासचिव बना दिया गया। सुंदरलाल बड़े सक्रिय और मार्गदर्शक पदाधिकारी साबित हुए और सब उन्हें मंत्रीजी कहकर

बुलाने लगे। इस दौरान सुंदरलाल ने हरिजनों की उन्नति के बारे में सोच-विचार करने में काफी समय लगाया। वह गांधीजी की अंगरेज शिष्या मीरा बेन के संपर्क में आए। मीरा बेन भीलन गंगा घाटी में काफी काम कर रही थीं। वह ग्राम विकास कार्य को सच्ची गांधीवादी विचारधारा से जोड़ने की कोशिश कर रही थीं।

सुंदरलाल ने छूत-छात की शर्मनाक प्रथा के खिलाफ जंग छेड़ दी। उनके जीवन का प्रथम भाग इसी संघर्ष को समर्पित रहा। उन्हें यह देखकर बहुत दुख हुआ कि हरिजन छात्रों को स्कूल और कालेज छात्रावासों में अन्य छात्रों के साथ बैठकर भोजन नहीं करने दिया जाता था। सुंदरलाल ने उनके लिए ठक्कर बापा छात्रावास (प्रमुख समाज सुधारक के नाम पर) का निर्माण किया और उन्हीं के साथ रहने लगे। उन्होंने 1956 में नवजीवन आश्रम और एक स्कूल का निर्माण किया। वहां वह गांव के बच्चों को पढ़ाने लगे।

तीस साल की उम्र में बहुगुणा की भेंट उ. प्र. के कम्युनिस्ट नेता विद्यासागर नौटियाल की 23 वर्षीय बहन विमला से हुई। वह गांधीजी की एक और अंगरेज शिष्या सरला बहन (जिसने हिमालय क्षेत्र को अपना कार्यक्षेत्र बना लिया था और जो गांधीवादी कार्यकर्ताओं के लिए मां समान थीं) के साथ काम कर रही थीं।

विमला देवी ने आग्रह किया कि उन्हें शहर छोड़कर गांवों में जाकर काम करना चाहिए। सुंदरलाल भी राजनीति में ज्यादा खुश नहीं थे। स्थानीय राजनीतिक नेताओं के तौर-तरीकों ने उनका मोह भंग कर दिया था। उन्होंने पार्टी के अपने सहयोगियों को समझाया कि उन्हें गांवों में जाकर बुनियादी स्तर पर कार्य करना चाहिए। उनकी बातों पर किसी ने ध्यान नहीं दिया। अपने पार्टी सहयोगियों को वह अप्रिय लगने लगे। अंत में, उन्होंने त्याग-पत्र दे दिया और सर्वोदय आंदोलन में शामिल होकर पहाड़ी गांवों में साधारण ग्रामवासियों के

साथ रहने का निश्चय किया। सुंदरलाल और विमला ने विवाह के बाद शहर छोड़ दिया और सबसे नजदीक की सड़क से भी मीलों दूर एक छोटे-से गांव सिल्यारा में रहने लगे। आजीविका के लिए सुंदरलाल को बोझा ढोना, खेतों में, पनचक्की पर, छोटी-छोटी नहरों पर और निर्माण स्थलों पर मजदूरी करना आदि शारीरिक श्रम के काम करने पड़े।

विमला और सुंदरलाल हरिजनों के कल्याण के लिए मिलकर काम करने लगे। गांववालों की सेवा करने के लिए उन्होंने जो त्याग किए थे उसके कारण वे उन दोनों का बहुत आदर करते थे लेकिन एक उच्च जाति के दंपति खुलकर हरिजनों के साथ घुलमिलें यह उन्हें अच्छा नहीं लग रहा था। वे लोग इन दोनों को अपने घर के अंदर नहीं आने देते थे। जब सुंदरलाल और विमला ने बूढ़ा केदार मंदिर में हरिजनों के प्रवेश को लेकर हुए आंदोलन में भाग लिया तब तो यह विद्वेष और बढ़ गया। आंदोलन के दौरान गांववालों ने उनकी पिटाई तक कर दी।

पदयात्रा

आचार्य विनोबा भावे ने अगर 1960 में सुंदरलाल और विमला को बुलाया नहीं होता तो वे सिल्यारा में ही रह जाते और लोग उनके बारे में जान ही नहीं पाते। अपनी पदयात्रा के दौरान आचार्य विनोबा भावे ने सुंदरलाल को वर्धा बुलाया और उन्हें हिमालय क्षेत्र में और उसके आस-पास के दूर-दराज गांवों में महात्मा गांधी का ग्राम स्वराज्य का संदेश पहुंचाने को कहा।

यह निश्चित किया गया कि विमला नवजीवन आश्रम में ही रहें और स्थानीय लोगों के साथ काम करें, सुंदरलाल पदयात्रा करें और

ग्राम स्वराज्य के सिद्धांत को दूर-दराज के क्षेत्रों तक पहुंचाएं। यह तो उन कई पदयात्राओं की शुरूआत थी जो अंत में चिपको आंदोलन के दौरान प्रसिद्ध 'कश्मीर से कोहिमा' पदयात्रा में परिणत हुई।

अपनी पदयात्राओं के दौरान सुंदरलाल ने पाया कि शराब के कारण पहाड़ी स्त्रियों की दशा सचमुच दयनीय थी। शराब लोगों का जीवन तबाह कर रही थी। इसका न केवल उनकी आर्थिक स्थिति पर, बल्कि उनके स्वास्थ्य पर भी असर पड़ रहा था। इसके साथ ही कठिन पहाड़ी सड़कों पर होनेवाली दुर्घटनाओं का सबसे बड़ा कारण भी यही थी। इसलिए कई गांधीवादी सामाजिक कार्यकर्ताओं ने शराब के विरोध में एक आंदोलन शुरू करने का निश्चय किया। सुंदरलाल ने शराब की दुकानों के खिलाफ लोगों को संगठित करने में महत्त्वपूर्ण भूमिका निभाई। लोगों ने शराब की नई दुकानें खोलने का विरोध किया और शराब पीने से रोकने के लिए, वे धरने पर बैठ गए। स्त्रियां इस काम में सबसे आगे थीं।

टिहरी में सुंदरलाल 16 दिन के अनशन पर बैठ गए। शराब पीने के हानिकर प्रभाव के बारे में लोगों को जागरूक बनाने में मद्यनिषेध आंदोलन को भारी सफलता मिली। यह आंदोलन 1971 में सफलतापूर्वक समाप्त हुआ। पांच जिलों—उत्तरकाशी, टिहरी गढ़वाल, पौड़ी गढ़वाल, चमोली और पिथौरागढ़ में मद्यनिषेध लागू कर दिया गया।

यह मद्यनिषेध आंदोलन चिपको आंदोलन की शुरूआत था। ग्राम स्वराज्य की कार्यसूची का अगला चरण वन-संरक्षण से संबंधित था। शुरू-शुरू में तो सुंदरलाल उन लोगों के साथ थे जो चाहते थे कि पहाड़ों में मिलनेवाले कच्चे माल को बाहर भेजने के बजाय जंगलों से प्राप्त कच्चे माल का उपयोग करके पहाड़ों में ही लघु उद्योगों की स्थापना की जाए। किंतु जब सुंदरलाल ने पहाड़ों के जंगलों और गांवों का दौरा किया तो उन्हें यह मानना ही पड़ा कि पहली और प्रमुख

प्राथमिकता लघु उद्योगों की स्थापना नहीं, बल्कि तेजी से कम होते जा रहे वनों का संरक्षण होना चाहिए। सुंदरलाल ने कहा, "इन यात्राओं के दौरान मेरे दृष्टिकोण में परिवर्तन आता चला गया और मैं स्थानीय उद्योगों की स्थापना की मांग करते-करते संरक्षणनात्मक विचारधारा पर आ गया जैसे—लकड़ी और राल के लिए वनों का उपयोग करने के बजाय मृदा और जल-संरक्षण के लिए वन-संरक्षण को प्रमुखता देनी चाहिए।"

उन्हें स्पष्ट दिखाई दे रहा था कि हिमालय के पहाड़ों से बाढ़ का पानी नीचे की ओर बहते हुए अपने साथ सबकुछ बहा ले जा रहा था क्योंकि उस पानी को रोकनेवाले पेड़ काट दिए गए थे और उन्हें पैकिंग करने के बक्सों, फर्नीचर, ईंधन और रुपयों में बदल दिया गया था।

पहाड़ी लोग उनका मखौल उड़ाते, उन्हें वहां से खदेड़ देते और उनके बारे में छान-बीन तक करने लगते। और फिर, आई भयंकर बाढ़। अगर लकड़हारों ने पेड़ों की रक्षा की होती तो बाढ़ आती ही नहीं। अब उन्हें देखकर लोगों ने हँसना बंद कर दिया।

चिपको आंदोलन

चिपको आंदोलन का जन्म अप्रैल 1973 में उस दिन हुआ जब खेलों का सामान बनानेवाली एक कंपनी द्वारा नियुक्त ठेकेदार के आदमी गढ़वाल के एक वन में अंगू के करीब पचास पेड़ काटने आए। चमोली जिले में पास के गांव मंडल के किसानों ने कहा कि वे लकड़हारों को पेड़ नहीं काटने देंगे। वे अंगू वृक्षों से चिपक जाएंगे और लकड़हारों की कुल्हाड़ी से उन्हें बचाएंगे। उन्होंने कहा, "अगर तुम बलपूर्वक पेड़ों को काटना चाहोगे, तो पेड़ों पर वार करने से पहले तुम्हें हम पर वार करना पड़ेगा।" ठेकेदार के आदमियों को मजबूर

होकर खाली हाथ लौट जाना पड़ा। इस प्रकार पेड़ों को बचाने का एक नया तरीका सामने आया। 1973 का यह नया तरीका सर्वोदय विचारधारा का नतीजा था जिसका चंडी प्रसाद भट्ट, सुंदरलाल बहुगुणा एवं अन्य सर्वोदय नेता उत्तराखंड में प्रचार और पालन कर रहे थे। इन लोगों ने वृक्षों को लुप्त होते, स्थानीय ग्रामोद्योगों को नष्ट होते और स्त्रियों पर काम का बोझ बढ़ते देखा था। सुंदरलाल ने इस नए आंदोलन में शामिल करने के लिए गढ़वाल और कुमाऊं एवं उत्तराखंड के दूर-दराज के गांवों तक 120 दिन यात्रा की। दूसरे गांवों में इसी प्रकार का अभियान चलाने के लिए कई युवकों से सहयोग भी लिया। इनमें उत्तराखंड में 700 किलोमीटर लंबा आसकोट-आराकोट अभियान सबसे अधिक प्रख्यात रहा जो 44 दिनों में पूरा हुआ और जिसमें कई युवाओं ने भाग लिया।

मार्च 1974 में जोशीमठ के पास रैणी गांव में गौरी देवी के नेतृत्व में महिलाओं ने, "यह जंगल हमारा मायका है और हम अपने मायके में तुम्हें पेड़ नहीं काटने देंगे," कहते हुए पेड़ काटने आए लकड़हारों को जंगल से बाहर खदेड़ दिया।

ठेकेदारों को जंगलों को काटने के ठेके दिए जाने के विरोध में सुंदरलाल उत्तरकाशी में अनशन करने लगे। नरेंद्र नगर में शांतिपूर्वक विरोध प्रदर्शन करते हुए प्रदर्शनकारी नीलामघर में घुस गए। उन्हें देखते ही ठेकेदार भाग गए। यह टिहरी गढ़वाल में हेंवलगिरि क्षेत्र में 'चिपको' कार्रवाई की श्रृंखला का आरंभ था। हेंवलघाटी क्षेत्र धरमसिंह नेगी, कुंवर प्रसून और विजय जरधारी जैसे गांधीवादी सामाजिक कार्यकताओं का घर था, और ये सभी सुंदरलाल के साथ काम कर चुके थे। उनका संयुक्त प्रयास इस आंदोलन का सबसे शानदार पहलू था। इसमें महिलाएं, बच्चे, कार्यकर्ता और गांववाले अदवानी गांव में पेड़ों को कुल्हाड़ी के वार से बचाने के लिए उनसे

सचमुच चिपक गए थे और पुलिस के आने पर भी वहां से हिले तक नहीं।

हेंवलघाटी से लेकर घोंती, खुरेत, और कांगर तक–टिहरी गढ़वाल जिले के सभी स्थानों पर–क्षमतानुसार पेड़ों का कटना रोकने में आंदोलन को एक के बाद एक सफलता मिलती गई।

बडियार गढ़ के जंगल में अधिकारियों ने गांववालों को इसका समर्थन करने से रोकने का निश्चय किया। सुंदरलाल को गिरफ्तार कर लिया गया। पहले टिहरी जेल और उसके बाद देहरादून जेल में ले जाया गया। सुंदरलाल ने 24 दिन का अनशन शुरू कर दिया और अनशन तभी तोड़ा जब बडियार गढ़ जंगल की नीलामी रद्द करने और उत्तर प्रदेश के समूचे हिमालय क्षेत्र में 1,000 मीटर से अधिक ऊंचाई पर जो हरे-भरे पेड़ हैं उन्हें काटने पर विलंबन-काल लागू करने का वादा किया गया।

चूंकि 70 के दशक में समूचे विकासशील विश्व में पर्यावरण संबंधी आंदोलन न के बराबर थे अतः चिपको आंदोलन के प्रति तत्कालीन प्रधानमंत्री इन्दिरा गांधी सहित सबका ध्यान आकर्षित हुआ। वैश्विक हरित उद्देश्य के साथ यह तर्क भी जुड़ा था कि गरीबों और गरीब देशों को भी अपने पर्यावरण की देखभाल करने के लिए सावधान रहना चाहिए; और पर्यावरण एवं विकास का काम साथ-साथ होना चाहिए। चिपको आंदोलन कभी एक संगठित विरोध नहीं था। मोटे तौर पर तो यह हिमालय के अलग-अलग गांवों के पृथक-पृथक विरोधों की एक शृंखला थी। कुछ मामलों में तो यह गांववालों की सरकार से लड़ाई थी और कुछ में यह गांव की स्त्रियों का परिवार के पुरुषों से इस बात पर झगड़ा था कि वे इस बात की चिंता किए बिना कि जलाने के लिए लकड़ी कहां से आएगी, चंद रुपयों के लिए पेड़ काटने को तैयार थे।

चिपको आंदोलन की सफलता ने हिमाचल प्रदेश और कर्नाटक के उत्तर कन्नड़ जिलों जैसे कई स्थानों पर इसी प्रकार के आंदोलन चलाने की प्रेरणा दी। इन स्थानों से कुलभूषण उपमन्यु और पांडुरंग हेगडे जैसे कई आंदोलनकर्ता सुंदरलाल और उनके सहयोगियों से इसकी तकनीक सीखने के लिए यहां आकर उनके साथ रहने लगे। बाद में वापस जाकर इन्होंने लोगों को अपने अनुभव बताए। इस प्रकार हिमाचल प्रदेश और कर्नाटक में भी व्यावसायिक रूप से पेड़ काटना रोकने के लिए चिपको जैसे आंदोलनों को भी उतनी ही सफलता मिली।

विदेश में संदेश

सुंदरलाल बहुगुणा ने भारत और नेपाल के समूचे हिमालय क्षेत्र में चिपको आंदोलन का संदेश प्रचारित करने के अभियान के अंतर्गत कश्मीर से कोहिमा तक पदयात्रा की। उनके नेतृत्व में एक दल ने 30 मई, 1981 को कश्मीर में श्रीनगर से पदयात्रा शुरू की जो 1 फरवरी, 1983 को नागालैंड में समाप्त हुई। इसमें 4,870 किलोमीटर की दूरी तय की गई। पूरा अभियान चार चरणों में था। इन पदयात्रियों में धूम सिंह नेगी, साहब सिंह, प्रभाकर भंडारी, हरिहर उपाध्याय, आर. प्रभाकर, कुलभूषण उपमन्यु, ओ. पी. ठाकुर, डेविड भाई और रतनचंद डाहलू भी शामिल थे। अलग-अलग क्षेत्रों में पहाड़ों में पारिस्थितिकीय विनाश के भिन्न-भिन्न पहलुओं पर रिपोर्टें तैयार की गईं और संबंद्ध राज्यों को भेज दी गईं। एक रिपोर्ट कश्मीर पर, एक हिमाचल प्रदेश पर, एक पश्चिम बंगाल के पहाड़ी इलाकों (दार्जिलिंग) पर, एक उत्तर प्रदेश के पहाड़ी इलाकों पर, एक राल निकालने पर और नेपाल पर एक रिपोर्ट थी।

जब सुंदरलाल बहुगुणा को लंदन में संयुक्त राष्ट्र के पर्यावरण कार्यक्रम सम्मेलन में भाग लेने और उसे संबोधित करने का निमंत्रण मिला तो उन्हें पदयात्रा के संदेश का प्रचार करने का अच्छा अवसर मिला। सम्मेलन में उन्होंने हिमालय पर्वतों के वनों की दुर्दशा के बारे में बताया। उन्होंने कहा, "हिमालय पर्वतों को हमने जिस तरह से उजाड़कर बंजर बना दिया है वह बंजर, दक्षिण की ओर मैदानी भागों तक फैलता जा रहा है। हर साल यह नजारा हम अपनी आंखों से देख रहे है। हिमालय पर्वतों के वन पहले मृदा उत्पादक कारखाने हुआ करते थे, मगर अब हम मृदा को मैदानी इलाकों में बहा रहे हैं। बाढ़ की विनाश लीला हर वर्ष बढ़ती ही जा रही है। परंतु वास्तविक संकट, जो हमें दिखाई नहीं देता, वह यह है कि अब मृदा का उत्पादन ही बंद हो गया है।"

सम्मेलन को संबोधित करने के बाद सुंदरलाल स्काटलैंड चले गए। स्काटलैंड में फीफी के निवासियों ने एक असाधारण दृश्य देखा। सफेद दाढ़ीवाला एक भारतीय गुरु डालगेटी बे बगीचे में जंगली सेब के नए पौधे के सामने पालथी मारकर बैठा प्रार्थना कर रहा था और उस पर गंगाजल छिड़कता जा रहा था। स्काटिश बच्चों का एक दल उसके पास बैठा बांसुरी, मृदंग, झांझ और माउथ आर्गन पर पौधे के लिए संगीत बजा रहा था। अनुष्ठान समाप्त हो जाने पर गुरु और बच्चों ने पौधे को स्नेह से अपनी बाहों में लिया। सुंदरलाल ने अपने चिपको आंदोलन के बारे में लोगों को बताने के लिए यही तरीका अपनाया था। हिमालय पर्वतों के इमारती लकड़ी संसाधनों की निष्ठुरतापूर्वक लूट-खसोट के परिणामस्वरूप भारत के सामने कितना भयानक संकट आ खड़ा हुआ है यह वह दुनिया को बताना चाहते थे।

संरक्षण की सुंदरलाल की धारणा पश्चिमी जगत से अलग थी। पश्चिम में पारिस्थितिकीय आंदोलन, वायु और जल प्रदूषण की

रोकथाम पर आधारित था। सुंदरलाल का मानना था कि हमारी प्रदूषण की समस्या आधुनिक जीवन शैली के कारण उपजी है। मानव प्रकृति के लिए कसाई बन गया है। उनका अभियान पारिस्थितिकीय समस्याओं को सुलझाने के लिए प्रकृति के साथ फिर से स्वस्थ जैव संबंध स्थापित करना था, क्योंकि इसका कोई दीर्घावधि तकनीकी समाधान नहीं था। उन्होंने वनरोपण के लिए 'पांच एफ' नीति अपनाने का आग्रह किया। वृक्षों का मूल्य इमारती लकड़ी की दृष्टि से न आंका जाए, बल्कि फूड-खाद्य, फूडर-चारा, फर्टिलाइजर-उर्वरक, फाइबर-रेशे और फ्यूल-ईंधन के निरंतर उत्पादन के अलावा वायु और जल की उपलब्धता में वे कितने सहायक हैं, इस दृष्टि से भी उनका मूल्य आंकना चाहिए।

संयुक्त राष्ट्र ऊर्जा सम्मेलन में सुंदरलाल अपनी पीठ पर जलाऊ लकड़ियों का गट्ठर लादकर लाए और बोले, "ये रही वह ऊर्जा जिसे आप खोज रहे हैं।" यह सुंदरलाल का प्रतीकात्मक संकेत था।

उनके कार्य का सम्मान करते हुए, सुंदरलाल को पद्मश्री से सम्मानित किया गया। उन्होंने नम्रतापूर्वक यह कहते हुए लेने से मना कर दिया कि, भारत के हाड़-मांस (ऊपरी सतह) को जिस दिन वापस लौटा लाया जाएगा उस दिन वह इसे लेंगे। "हमारे राजनीतिकों और वैज्ञानिकों को बुद्धिमानी से काम करना सीखना होगा और वह है आम लोगों के पीढ़ियों से संचित अनुभव।"

टिहरी की चिंता

साठ का दशक मद्यनिषेध आंदोलन की असाधारण सफलता के साथ समाप्त हुआ और सत्तर का दशक वनों की कटाई के विरोध में हुए आंदोलन को इससे भी अधिक मिली भारी सफलता के नाम रहा।

किंतु सुंदरलाल उन लोगों में से नहीं थे जो अपनी पिछली उपलब्धियों से संतुष्ट होकर आराम से बैठ जाएं।

अपनी महत्त्वपूर्ण पदयात्रा समाप्त होने के बाद, सुंदरलाल टिहरी गढ़वाल और आस-पास के क्षेत्रों में बड़े-बड़े बांधों के निर्माण की परियोजनाओं की समस्या से अधिक से अधिक जुड़ते चले गए। भागीरथी और भीलनगंगा नदियों पर 260 मीटर ऊंचे विशाल टिहरी बांध का निर्माण शुरू भी हो चुका था। इसके बाद उसी क्षेत्र में और भी कई बड़े-बड़े बांधों के निर्माण की परियोजनाएं थीं। बांध की क्षमताओं में ये बातें शामिल थीं, 1,000 मेगावाट की विद्युत उत्पादन क्षमता, 2006 में इसके चालू हो जाने पर 2,700 कि.मी. क्षेत्र की सिंचाई तथा दिल्ली और उत्तर प्रदेश के औद्योगिक शहरों में दस लाख लीटर पानी की आपूर्ति।

टिहरी बांध को 1972 में योजना आयोग की स्वीकृति मिलने के समय से ही इसके विरोध में जनआंदोलन शुरू हो गया था। द टिहरी हाइड्रो डिवेल्पमेंट कंस्ट्रक्शन (टी.एच.डी.सी.) 1978 तक, तब तक अपना निर्माण कार्य शुरू नहीं कर सका जब तक कि टिहरी शहर को सशस्त्र पुलिस कैंप बना नहीं दिया गया और करीब 100 आंदोलनकर्ताओं को, जिनमें महिलाएं भी शामिल थीं, दूर-दराज की जेलों में भेज नहीं दिया गया।

तत्कालीन प्रधानमंत्री इन्दिरा गांधी ने विज्ञान एवं प्रौद्योगिकी विभाग से कहा कि "एक बार फिर से इस परियोजना पर गहराई से विचार कर लें।" विशेषज्ञ समूह ने 1986 में अपनी रिपोर्ट दे दी और इस तथ्य के बावजूद कि इस परियोजना पर अब तक 206 करोड़ रुपये खर्च भी हो चुके हैं, इसे त्यागने की सलाह दी। इन सुझावों पर कोई कार्रवाई हो उससे पहले ही, सोवियत राष्ट्रपति मिखाइल गोर्बाचेव का भारत आगमन हुआ और उन्होंने 2,000 करोड़ रुपयों

की सहायता देने का प्रस्ताव रखा। टिहरी परियोजना को पुनर्जीवित किया गया। यह उत्तर प्रदेश सरकार और भारत सरकार का संयुक्त उद्यम बन गया।

जैसे ही परियोजना स्थल को खाली कराने का काम शुरू हुआ वैसे ही आंदोलन और भी तेज हो गया। 125 से अधिक गांव एवं टिहरी शहर अपने भविष्य को लेकर बहुत चिंतित था। सुंदरलाल बहुगुणा ने परियोजना के विरोध में अनशन शुरू कर दिया और यह जताने के लिए कि हम बांध की परियोजना को इसके वर्तमान स्वरूप में हरगिज़ पूरा नहीं होने देंगे, बुलडोजर के पहिए पर चढ़कर बैठ गए। इस बीच पर्यावरण मंत्रालय की पर्यावरण आकलन समिति ने भी अपनी रिपोर्ट दे दी, जिसमें था कि–"परियोजना से जुड़े भूवैज्ञानिक और सामाजिक प्रभाव को ध्यान में रखते हुए, समिति एकमत से इस निर्णय पर पहुंची है कि प्रस्तावित टिहरी परियोजना को त्याग देना चाहिए क्योंकि यह पर्यावरण की दृष्टि से ठीक नहीं है।"

उत्तरकाशी क्षेत्र में 28 अक्टूबर, 1991 को आए भूकंप ने यहां काफी तबाही मचाई। रिक्टर स्केल पर इसकी तीव्रता 6.8 मापी गई और इसका केंद्र बांध वाले क्षेत्र से केवल 50 किलोमीटर की दूरी पर था। इस हादसे ने टिहरी बांध पर प्रश्न चिन्ह लगा दिया। राजनीतिक नेताओं ने मौखिक रूप से इसे स्वीकार भी किया, मगर बांध का काम जारी ही रहा। इससे लोग क्रुद्ध हो गए और उन्हें सीधी कार्रवाई करने पर मजबूर होना पड़ा।

सुंदरलाल बहुगुणा ने अनिश्चितकालीन अनशन शुरू कर दिया और मांग की कि बांध परियोजना का अच्छी तरह और स्वतंत्र रूप से पुनरीक्षण किया जाए। उनकी हालत काफी चिंताजनक हो गई। संसद में इस बारे में चर्चा की गई। बांध-स्थल पर विस्फोट बंद कर दिए गए और पुनरीक्षण का वादा किया गया। किंतु पुनरीक्षण कभी

हुआ ही नहीं और लोगों की मांगों को अनसुना कर दिया गया।

जो लोग उनकी ओर आशाभरी नजरों से देख रहे थे उनकी आशाओं को सुंदरलाल पूरा नहीं कर पाए। सुंदरलाल 1996 में फिर से अनशन पर बैठ गए। उनके मित्रों और शुभचिंतकों ने उनसे अनशन न करने का अनुरोध किया, किंतु उन्होंने किसी की बात नहीं मानी। अनशन के 74वें दिन, तत्कालीन प्रधानमंत्री देवेगौड़ा ने इस मामले में हस्तक्षेप करते हुए कहा कि बांध परियोजना का पुनरीक्षण करने के लिए वह दो समितियां बनाएंगे, जिसमें से एक में सुंदरलाल बहुगुणा द्वारा चुने गए लोग होंगे, तब जाकर सुंदरलाल ने अनशन तोड़ा। यह बात नहीं थी कि सुंदरलाल विकास के खिलाफ थे। 'हिमालय बचाओ' आंदोलन का नेतृत्व करते हुए उन्होंने कहा कि, "अगर हिमालय पर्वतमाला नहीं रही, तो यह देश भी कहीं नहीं रहेगा।" उनका मानना था कि परिवर्तन और विकास में जो लोग इनसे प्रभावित होंगे उन लोगों का भी ध्यान रखना होगा। वह ऐसे विकास के पक्षधर थे जो भरण-पोषण करनेवाला हो। वह कहते हैं, "तीव्रगति विकास के कारण हिमालय पर्वत रिस रहे हैं।"

संघर्ष जारी है

सुंदरलाल चार गतिविधियों को अत्यंत हानिकारक बताते हैं। इनमें पहली है, बड़े-बड़े बांधों का निर्माण। यह नदियों को नष्ट कर रही है, पारिस्थिति को बदल रही है और लोगों को विस्थापित कर रही है। बड़े-बड़े बांधों पर धन व्यय करना एक और भयंकर भूल है। अगर योजना बनाने वालों ने अपनी बात मनवा ली होती, तो गंगा या तो बांध में या फिर सुरंगों में खो गई होती। उनके अनुसार छोटी पनबिजली योजनाएं बनानी चाहिएं। ये नदियों को नष्ट नहीं

करेंगी और कहीं भी बनाई जा सकती हैं। ये जितनी भी बिजली हमें चाहिए उतनी का उत्पादन कर सकती हैं।

दूसरी है खनन, "जो पहाड़ों को नंगा कर रही है।" एक बार उन्होंने खदान मालिकों को एक और जोरदार झटका दिया। उन्होंने निर्भीकतापूर्वक गोवा के शानदार वनाच्छादित पर्वतों का खनन पूरी तरह से रोक देने की मांग की। उनके अनुसार खनन करने से गोवा बंजर भूमि बनता जा रहा है।

तीसरी समस्या है वनों की कटाई। "आज वनों के नाम पर ठूंठ ही बचे हैं। उनके तने गायब हो गए हैं।" जो पर्वत कभी कई प्रकार के उत्पाद निर्यात करते थे वहां अब भूक्षरण ही रह गया है और लोग वहां से चले जाने पर मजबूर हो गए हैं। जरूरत इस बात की है कि भूमि के उपयोग की योजना फिर से बनाई जाए। वह कहते हैं कि "वन का प्रमुख उत्पाद जल है, लकड़ी नहीं। वन नदियों की मां है और यदि आप वन को नष्ट करते हैं तो एक भी नदी बचेगी नहीं।" उनका मानना था कि अपने वन को नवजीवन प्रदान करना हमारी ही ज़िम्मेदारी है। वह मिश्रित वनों के प्रोत्साहन की बात करते थे। "हमें इमारती लकड़ी के पेड़ नहीं चाहिए जिन्हें काटकर बेच दिया जाता है। उसके बजाय जीवन के आधार के लिए गिरीदार फल और चारा प्रदान करनेवाले पेड़ लगाने चाहिए। बड़े-बड़े बांधों को बनाने में धन का निवेश करने के बजाय वृक्षारोपण में या इसके लिए ऋण देने में धन लगाना बेहतर है। इस धन को आसानी से चुकाया जा सकता है।"

सुंदरलाल के अनुसार चौथी समस्या है हिमालय पर्वतों में ऐशो-आरामभरा पर्यटन। पर्यटन उद्योग प्रकृति को एक उपभोगी वस्तु मानता है। पर्यटकों के साथ-साथ यह भावना भी आती है कि पैसों से कुछ भी खरीदा जा सकता है। एक तीर्थयात्री और एक पर्यटक के व्यवहार में जमीन-आसमान का फर्क होता है। बहुत अमीर होने पर

भी तीर्थयात्रा में वह एक फकीर की तरह रहता है, जबकि पर्यटकों को फास्ट फूड और चाय की जरूरत होती है। गोमुख की गुफा पर जहां से गंगा का उद्गम होता है, कई चाय की दुकानें है जो हर दिन 200 लीटर केरोसिन जलाती हैं। पहले ग्लेशियर गंगोत्री के नजदीक थे मगर अब वे 19 किलोमीटर दूर खिसक गए हैं।

श्वेत लंबी दाढ़ीवाले सुंदरलाल बहुगुणा छोटे कद के व्यक्ति थे और हमेशा सफेद खादी के वस्त्र पहनते थे जो उनके प्रिय वृक्षों की छाल की तरह बिना इस्तरी किए होते थे। सिर पर बंधा रूमाल उनके सिर की रक्षा करता था। वह आपको किसी बस स्टाप पर या रेल में सफर करते हुए अपने आधारभूत अनुभवों से जमा ज्ञान और विचारों को अपनी डायरी या नोटबुक में तेजी से लिखते हुए नजर आ जाएंगे।

हिमालय पर्वतों, इसके वनों और नदियों के संरक्षण के लिए जीवनभर जो संघर्ष उन्होंने किया उसके लिए 1987 में उन्हें राइट लाइवलीहुड पुरस्कार से सम्मानित किया गया। इसे स्वीडन की संसद में प्रदान किया गया।

सुंदरलाल ने फरवरी 2005 में काली बचाओ आंदोलन शुरू किया। कनार्टक के घने वनाच्छादित उत्तर कन्नड़ क्षेत्र में बहनेवाली काली नदी की कहानी भी गंगा से कुछ अलग नहीं है। काली नदी पर छह बड़े बांध, एक परमाणु बिजलीघर और कागज की मिल ने सुनिश्चित कर दिया है कि अरब महासागर की ओर इस नदी के बहाव को बार-बार रोका जाएगा जिससे पश्चिमी घाट के सर्वोत्तम वन पानी में डूब जाएंगे।

सुंदरलाल ने कहा कि, "हम अपने समुद्र को आराल समुद्र (कजाखस्तान) नहीं बनने देंगे, जो इसलिए सूख गया कि सभी नदियों पर बांध बना दिए गए हैं और पानी का व्यावसायिक उपयोग किया जा रहा है।"

इसी कारण सुंदरलाल बहुगुणा जीवनभर संघर्ष करते रहे, अब भी कर रहे हैं और करते रहेंगे, जब तक कि वह अपना लक्ष्य प्राप्त नहीं कर लेते।

"इतनी दिलचस्पी क्यों? जबकि चिपको का कोई संगठन भी नहीं है और इसके कार्यकर्ताओं की न तो कोई सामाजिक स्थिति है, और न ही राजनीतिक स्थिति है। इसका कोई वित्तीय साधन भी नहीं है। इसमें दिलचस्पी का कारण केवल यही तथ्य है कि यह आंदोलन थोड़े से वृक्षों को बचानेभर के लिए ही नहीं है, बल्कि मनुष्य और प्रकृति के बीच कभी जो सद्भावपूर्ण रिश्ता था उसे फिर से स्थापित करने का लोगों का यह प्रयास है। हमारी भौतिकवादी सभ्यता ने मनुष्य को प्रकृति का हत्यारा बना दिया है। वह इससे एक ही बार में सब कुछ पा लेना चाहता है।"

सुंदरलाल बहुगुणा

प्रमोद करण सेठी

देविका रंगाचारी

"मेरे विचार में तो बच्चों को सीख देना बेकार है। हम अपने बचपन में जितने बुद्धिमान थे और जितनी जानकारी हमें थी, ये उससे कहीं अधिक बुद्धिमान हैं और जानकारी रखते हैं। केवल अपने कार्यकलापों से ही हम उन्हें सत्य, ईमानदारी, सही साधन आदि नैतिक मूल्यों को समझा सकते हैं। और मैं समझता हूं कि उन्हें इस बात का एहसास कराना मेरा कर्तव्य है।"

प्रमोद करण सेठी

प्रमोद करण सेठी

जब हम उपलब्धियों की बात करते हैं, तो अकसर लब्धप्रतिष्ठ, निर्भीक, महत्त्वाकांक्षी लोगों का ही हमें ध्यान आता है। किंतु इस जीवनी में एक शांत, शर्मीले और कोई महत्त्वाकांक्षा न रखनेवाले व्यक्ति का वर्णन है जो अपने अध्यवसाय, शांति और साहस से जीवन के शिखर तक जा पहुंचा था। डा. प्रमोद करण सेठी, 'जयपुर फुट' (जयपुर पैर) बनानेवाले डाक्टर के रूप में विख्यात रहे, जिन्होंने असंख्य विकलांग लोगों को आशा बंधाई, उनमें साहस का संचार किया और उनके जीवन को एक नया अर्थ दिया। जब तक वह जीवित रहे, पोलियोग्रस्त और मस्तिष्क के लकवे (स्पास्टिक) के शिकार लोगों की सेवा में लगे रहे और अन्य लोगों को भी पुनर्वास के अपने सराहनीय काम में शामिल होने के लिए प्रेरित करते रहे।

अच्छा विद्यार्थी

प्रमोद, डा. निहाल करण सेठी और मैना जैन के आठ बच्चों में से छठे बच्चे थे। उनका जन्म 28 नवंबर, 1927 को उत्तर प्रदेश में बनारस में हुआ था। डा. निहाल करण अजमेर के एक धनवान जैन

परिवार से थे। हालांकि वह भौतिकशास्त्र में आगे शोध कर सकते थे, लेकिन उन्होंने शिक्षण को चुना और बनारस हिंदू विश्वविद्यालय में भौतिकशास्त्र के प्रोफेसर बन गए। सच तो यह है कि भारत के महान वैज्ञानिक सी.वी. रमन ने उन्हें विदेश जाने से रोका और विश्वविद्यालय आने का आग्रह किया। विश्वविद्यालय में उस समय राष्ट्रप्रेम की जोशीली लहर चल रही थी। यहां के शिक्षकों में भारतीय बुद्धिजीवियों का वर्चस्व था। उन्हें बहुत कम वेतन मिलता था। मगर अंगरेजों के खिलाफ भारत के स्वतंत्रता संग्राम की पृष्ठभूमि में वे सादगी और देशसेवा की एक नैतिक प्रणाली विकसित करने को उत्सुक थे।

डा. निहाल करण के लिए, जिन पर गांधीजी का काफी प्रभाव था, यह बिलकुल सही माहौल था। उनकी पत्नी ने भी समाज सुधार और सादगीपूर्ण जीवन के उनके विचार को अपना लिया। वे अत्यंत आडंबरहीन जीवन जी रहे थे। वह उदार दृष्टिकोण और विवेकपूर्ण विचारवाले व्यक्ति थे। वह नैतिक रूप से 'उचित कार्य' करते। परंपराओं और अनुष्ठानों में उनका विश्वास नहीं था। डा. निहाल करण की विद्वत्तापूर्ण उपलब्धियों में हिन्दी में भौतिकशास्त्र की प्रथम पाठ्य पुस्तक लिखना और कई वैज्ञानिक विषयों का अंगरेजी से हिन्दी में अनुवाद करना शामिल है।

सन 1930 में डा. निहाल करण बनारस से आगरा के आगरा कालेज में भौतिकशास्त्र के प्रोफेसर के पद पर आ गए। बाद में वह इस कालेज के प्रिंसिपल बने। अतः प्रमोद की अधिकांश पढ़ाई आगरा में ही हुई। वहां उन्होंने सेंट जान्स स्कूल (1932-1933), बलवंत राजपूत इंटरमीडिएट कालेज (1934-1942) और आगरा कालेज (1942-1944) में अध्ययन किया। उनका स्कूल जीवन साधारण ही रहा। प्रमोद के पिता को बच्चों को घर आकर पढ़ाने के लिए शिक्षक रखना पसंद नहीं था। वह बच्चों को स्वयं ही पढ़ाई करने के लिए

प्रोत्साहित करते थे। प्रमोद एक शांत और शर्मीले बच्चे थे। उन्हें बहुत अधिक लाड़-प्यार नहीं मिला, किंतु अपने बड़े परिवार में उन्हें कुछ हद तक स्वतंत्रता जरूर मिली। वह कक्षा में प्रथम तो कभी नहीं आए, मगर वह अच्छे विद्यार्थी माने जाते थे। विज्ञान के विषयों में वह श्रेष्ठ थे। इतना होने पर भी वह महत्त्वाकांक्षी या प्रतिस्पर्धी भावना के छात्र नहीं थे। उनके पूरे विकासकाल में उन पर अपने पिता का बहुत गहरा प्रभाव पड़ा। डा. निहाल करण ने प्रमोद और अपने अन्य बच्चों में बौद्धिक उपलब्धियों और सत्यनिष्ठा की दृढ़ भावना कूट-कूटकर भर दी थी। उन्होंने अपनी छहों पुत्रियों को अच्छी शिक्षा दिलवाई जो अत्यंत लाभप्रद सिद्ध हुई। प्रमोद की सबसे बड़ी बहन मैट्रिक की परीक्षा उत्तीर्ण करनेवाली पहली जैन लड़की थी। दूसरी बहन डाक्टर बनी और अन्य चार बहनें शिक्षिका हुईं। प्रमोद के आरंभिक जीवन में एक अविस्मरणीय घटना बहन के विवाह के समय हुई। उनके पिता ने दहेज देने से मना कर दिया। उन्होंने कहा कि उसकी शिक्षा में जो खर्च उन्होंने किया वही उसका दहेज है। धार्मिक अनुष्ठानों को सादगीपूर्ण बनाने और परंपरा को तोड़ने के लिए समूचे जैन समाज ने परिवार का बहिष्कार कर दिया।

प्रभाव

कालेज में प्रमोद अचानक ही पढ़ाई में बहुत तेज हो गए। विज्ञान के जो विषय उन्होंने लिए थे उन्होंने प्रमोद को मोह लिया। उन्हें रसायनशास्त्र और जीव-विज्ञान में सर्वोच्च अंक मिले। ये वर्ष ब्रिटिश सत्ता के खिलाफ दृढ़निश्चयपूर्वक संघर्ष करने के भी थे।

गांधीजी द्वारा 1942 में शुरू किए गए भारत छोड़ो आंदोलन ने राज को हिला दिया। यह भारत के स्वतंत्रता संग्राम में एक

युगांतकारी घटना थी। राष्ट्रवादी जोश चरम पर था। प्रमोद भी इससे अछूते नहीं थे। फिर भी, उस समय तक गांधीजी प्रमोद के हीरो नहीं थे। उनके हीरो तो आकर्षक व्यक्तित्व वाले युवा नेता जवाहरलाल नेहरू थे, जिन्होंने इस युवक को प्रेरित किया। इसका परिणाम यह हुआ कि प्रमोद अपने सच्चे गांधीवादी पिता से अकसर धर्म तथा अन्य मुद्दों पर गांधीजी के अस्पष्ट विचारों के बारे में बहस करने लगे।

प्रमोद का चिकित्सा का क्षेत्र चुनने का कोई इरादा नहीं था, यह तो संयोगवश ही हो गया। जीव-विज्ञान चुनकर उन्होंने आगरा के सरोजिनी नायडू मेडिकल कालेज में दाखिला ले लिया। उन्हें इस पेशे में धन कमाने की इच्छा नहीं थी। वह द्वितीय महायुद्ध के बाद के भयंकर दिनों के गवाह थे जब न्यूमोनिया और क्षय जैसे घातक माने जानेवाले रोगों का नई प्रतिजीवाणु दवाइयों से प्रभावशाली इलाज किया गया। उनका विश्वास था कि अधिकतर स्वास्थ्य समस्याओं का समाधान उनकी मुट्ठी में है।

प्रमोद जब मेडिकल कालेज में पढ़ रहे थे उसी दौरान 1947 में भारत, ब्रिटिश शासन से आजाद हो गया। सांप्रदायिक दंगे, देश का विभाजन और इसके बाद हुए रक्तपात जैसी घटनाओं ने इस युवा मेडिकल छात्र को अंदर तक दहला दिया। तब तक नेहरू की जगह गांधीजी प्रमोद का आदर्श बन गए थे। प्रमोद के नियमित रूप से 'हरिजन' पढ़ने और गांधीजी के आदर्शों के बारे में चिंतन करते रहने से उनमें यह परिवर्तन आया था। भारत्त के विभाजन के बाद गांधीजी ने जो कदम उठाया उसने प्रमोद को विशेष रूप से प्रभावित किया।

प्रमोद ने खादी पहनना और चरखा कातना शुरू कर दिया। गांधीजी के सत्य पर जोर देने और 'उचित साधनों' का पालन करने के सिद्धांतों को प्रमोद ने अपने मार्गदर्शक सिद्धांतों के रूप में अपना

लिया। और भी कई राजनीतिक नेता जैसे सी. राजगोपालाचारी का उनके बुद्धिवाद के लिए और सरदार पटेल का उनकी प्रशासनिक क्षमता के लिए वे आदर करने लगे थे।

इस बीच मेडिकल कालेज के चिकित्साशास्त्र के प्रोफेसर डा. जी. एन. व्यास के रूप में प्रमोद को एक समानांतर आदर्श नजर आया। उनकी त्रुटिहीन भाषा, रोग का उनका सटीक निदान, उनका चिकित्सा-विषयक निर्णय और उनके विनोदी स्वभाव के कारण वह एक श्रेष्ठ शिक्षक थे। प्रमोद को अब तक उनके जैसा कोई और नहीं मिला था। कई और प्रतिष्ठित शिक्षक भी थे जिनमें मौलिकता और प्रतिबद्धता तो थी लेकिन वे दृश्य-श्रव्य साधनों से कार्य नहीं कर पाते थे।

उनके ज्ञान, उनकी विद्वत्ता और उनकी नम्रता का प्रमोद पर गहरा प्रभाव पड़ा और उन्होंने भी उन लोगों से सीख लिया कि रोगी और उसके परिवार को सांत्वना और आश्वासन देने का क्या महत्त्व है। यह एक ऐसा पहलू था जिसने आनेवाले वर्षों में रोगी को स्वस्थ करने की उनकी कार्यप्रणाली को विशिष्ट बना दिया। इस बीच प्रमोद ने चिकित्सा-विषयक एवं कथा-साहित्य, अकथा-साहित्य की पुस्तकों का गहन और विस्तृत अध्ययन किया। एल्डस हक्सले के सत्य पर बल देने और उचित साधनों के इस्तेमाल का अंत तक पालन करने की बात ने उन्हें विशेष रूप से प्रभावित किया। इस दृष्टि से हक्सले के विचार गांधीजी के विचारों से मेल खाते थे।

जिस समय प्रमोद का प्रशिक्षण चल रहा था उस समय, चिकित्सा शास्त्र एक विज्ञान नहीं बल्कि एक कला था। चूंकि अधिकतर जानलेवा रोगों का कोई विशेष इलाज नहीं था, अतः डाक्टर की भूमिका अधिकतर रोगी को सांत्वना और आश्वासन देने भर की होती थी। भारत के ग्रामीण क्षेत्रों के पारंपरिक चिकित्सक, रोगियों को समझ में आ सके, ऐसी भाषा में उन चिकित्सा पद्धतियों का सहारा लेते थे जो

स्थानीय परंपराओं और संस्कृति से गहराई से जुड़ी थीं। लोग किन तरीकों के बारे में सोचते हैं ये उन्हें समझते थे। फिर भी उन्हें सरकार की ओर से कोई संरक्षण नहीं मिलता था और वैज्ञानिक तरीकोंवाली पाश्चात्य चिकित्सा को ही आदर्श माना जाता था। ताराशंकर बंद्योपाध्याय का उपन्यास 'आरोग्य निकेतन' पढ़ने के बाद प्रमोद इस वैकल्पिक चिकित्सा पद्धति का और भी अधिक आदर करने लगे थे। ये बातें पाश्चात्य प्रणाली से मेल नहीं खाती थीं। बाद के वर्षों में प्रमोद ने यही तरीके अपनाने का प्रयास किया—पाश्चात्य प्रणाली का अंधानुकरण करने के बजाय, भारतीय परिस्थितियों के अनुकूल चिकित्सा प्रणालियां विकसित करना।

जीविका का चयन

प्रमोद को 1949 में चिकित्सा और शल्यक्रिया में स्नातक की डिग्री मिल गई। उन्हें शल्यक्रिया तथा छह अन्य विषयों में आनर्स मिला। जब उन्हें पता चला कि डा. व्यास सेवानिवृत्त हो रहे हैं, तो चिकित्सा को अपना व्यवसाय बनाने का उनका स्वप्न भंग होता नजर आया, क्योंकि डा. व्यास की जगह आनेवाले डा. को वह सबकुछ नापसंद था जो उन्हें पसंद था। अतः प्रमोद ने फिजिशियन बनने का विचार छोड़कर सर्जन बनना तय किया।

स्वतंत्र भारत के आरंभिक वर्ष प्रमोद के लिए घटनापूर्ण रहे। छात्र जीवन में ही, 1951 में उन्होंने सुलोचना पाटनी से विवाह किया। आनेवाले वर्षों में वह उनका मजबूत अवलंब बनीं। उनकी पहली संतान, लता का जन्म 1952 में हुआ—इसी वर्ष सरोजिनी नायडू मेडिकल कालेज से प्रमोद को सर्जरी में स्नातकोत्तर उपाधि मिली।

लेकिन इस डिग्री को ब्रिटिश मेडिकल काउंसिल ने मान्यता नहीं

दी। किसी मेडिकल कालेज में नौकरी करने के लिए प्रमोद का फेलो आफ द रायल कालेज आफ सर्जन्स (एफ.आर.सी.एस.) बनना जरूरी था। इसके लिए उन्होंने स्काटलैंड में एडिनबर्ग के रायल कालेज आफ सर्जन्स में आवेदन किया। उनके पिछले उत्कृष्ट रिकार्ड को देखते हुए उन्हें फिर से अंडरग्रेजुएट, परीक्षाएं दिए बिना ही भर्ती कर लिया गया। इसी बीच, उनकी दूसरी संतान हर्ष का जन्म हुआ। प्रमोद को 1954 में एडिनबर्ग से एफ.आर.सी.एस की डिग्री मिल गई। प्रमोद को विदेश के प्रति बहुत आकर्षण नहीं था। उनके परिवार की कट्टर राष्ट्रवादी प्रवृत्ति ने उन्हें स्वदेश लौटने और अपने योगदान से इसे समृद्ध करने को बाध्य कर दिया। दिसंबर में भारत लौटकर उन्होंने जयपुर के सवाई मान सिंह अस्पताल और मेडिकल में शल्यचिकित्सा के प्राध्यापक के पद के लिए आवेदन कर दिया और उन्हें वह पद मिल गया। प्रमोद बड़े उत्साह से अपने इस नए काम में जुट गए। उनकी तीसरी संतान का जन्म 1957 में हुआ।

सन 1958 में उन्हें अस्पताल के नए बने अस्थिरोग विभाग का अध्यक्ष बनने को कहा गया। हालांकि उन्होंने कोई प्रशिक्षण नहीं लिया था, लेकिन कालेज के प्राचार्य ने, जो पहले उनके शिक्षक भी रह चुके थे, उन्हें यह पद स्वीकार करने के लिए मना लिया। पहले दो साल उन्हें विभाग को व्यवस्थित करने और इस कार्य की तकनीकी बातों को समझने में लगे। यह कठिन कार्य था, लेकिन प्रमोद को औपचारिक प्रशिक्षण की कमी का दुख नहीं हुआ क्योंकि इस तरह वह हर काम को घुमा-फिराकर उसके लिए वैकल्पिक उपाय खोज सकते थे।

उनकी चौथी और अंतिम संतान का जन्म 1960 में हुआ, उनकी माता के देहांत के एक वर्ष बाद। सुलोचना ने प्रमोद की सादगीपूर्ण जीवनशैली को शिकायत किए बिना स्वीकार करके इसके अनुसार स्वयं

को ढाल लिया और बच्चों को पालने में अपना सारा ध्यान लगा दिया। उन्होंने घर और दूसरे कामों की पूरी जिम्मेदारी संभाल ली और प्रमोद को अपने काम में ध्यान केंद्रित करने दिया। प्रमोद उनके प्रति कृतज्ञ थे कि उन्होंने प्रमोद से किसी प्रकार की सामाजिक मांग नहीं की ताकि वह अपने रोगियों, शिक्षण और शोधकार्य में तन-मन से लगे रहे। उनके बारे में प्रमोद कहते थे, "उन्होंने कभी कोई मांग नहीं की और मुझे अपना काम करने दिया। कई स्त्रियां कई तरह की सामाजिक अपेक्षाएं रखती हैं और फिर मैं तो किसी क्लब का सदस्य भी नहीं हूं। कई बार जब मैं थोड़ा भी सुस्त पड़ जाता, तो मेरी पत्नी मुझे लेख लिखने के लिए दबाव डालती थीं।"

जयपुर फुट

शीघ्र ही, प्रमोद को महसूस हुआ कि यहां फिजियोथेरेपी की तुरंत आवश्यकता है। लेकिन अस्पताल के पास न तो थेरेपिस्ट थे, न उपकरण और न ही धन था। किंतु वह निराश नहीं हुए और उन्होंने इस समस्या का समाधान करने के लिए एक बढ़िया योजना बनाई। भारतीय परंपरानुसार कृतज्ञ रोगी अपने डाक्टरों को भेंटस्वरूप कुछ न कुछ देते रहते थे। इसका फायदा उठाते हुए प्रमोद ने अपने विभाग के डाक्टरों को आदेश दिया कि वे धन स्वीकार न करें और कहें कि वे ऐसी कोई वस्तु भेंट करें जो अस्पताल के लिए उपयोगी हो। जब रोगी उन्हें धन लेने का बार-बार आग्रह करते, तो प्रमोद उन्हें अपने नए विभाग में उपकरणों के लिए लकड़ी और पाइपों के रूप में कच्चा माल देने को कहते। एक रोगी ने उन्हें एक सुतार की पूरी मजदूरी दान में दी। प्रमोद स्वयं ही ऐसे कारीगरों की खोज में निकल पड़े जो पेरेलल बार एवं अन्य उपकरण बना सकें।

उनके दृढ़निश्चयी प्रयासों के फलस्वरूप नए उपकरणों और कर्मचारियों को लेकर फिजियोथेरेपी विभाग का विस्तार किया गया। इसके साथ ही रोगियों का अंग संचालन ठीक करने और समन्वय बढ़ाने के लिए साधारण सामानों का प्रयोग अधिक से अधिक करने को प्रोत्साहित करने के लिए प्रमोद ने एक कार्यशाला बनाई। उदाहरण के तौर पर, रोगी अपने पैरों को व्यायाम कराने के लिए पेडल से चलनेवाली आरी का प्रयोग करते थे जिससे व्यायाम के साथ-साथ सजावटी वस्तुएं भी बनती जाती थीं। यह कार्यशाला अस्पताल के अहाते में बनी चाय की एक दुकान में थी जिसे उसकी लीज खत्म हो जाने पर प्रमोद ने ले लिया था। जिसने पहले लीज पर लिया था उसने जब आपत्ति की, तो प्रमोद ने उसे बताया कि यह दुकान बीमारों के इलाज के लिए ली जा रही है, "आप उन्हें निराश कैसे कर सकते हैं।"

अब प्रमोद के सामने यह समस्या थी कि पोलियोग्रस्त रोगियों और जिनके अंग काटने पड़े हैं ऐसे रोगियों को कम दामोंवाले उपकरण किस तरह उपलब्ध कराए जाएं। एक पुरुष नर्स मोहम्मद खान के तकनीकी कौशल को देख, प्रमोद ने उसे विकलांगों के लिए उपकरण बनाने का प्रशिक्षण दिलाने की व्यवस्था की और उसके बाद चाय की दुकान में कार्यशाला बनाने में उसकी सहायता भी की। खान की कार्यशाला निर्माणशाला के नाम से जानी जाने लगी और जो पहला उत्पाद बना वह पोलियोग्रस्त लोगों के लिए केलिपर्स (ब्रेसेस) था।

निर्माणशाला पर जैसे-जैसे प्रमोद का भरोसा बढ़ने लगा, तो अब वह कृत्रिम अंग बनाने के बारे में सोचने लगे। तदनुसार, 1965 में निर्माणशाला उन लोगों के लिए अंग बनाने लगी जिनके पैर घुटनों से नीचे काटने पड़े थे। उसने विदेश में बने अंगों की डिजाइन की नकल की और 'सालिड एंकल कुशंड हील' (एस.ए.सी.एच.) कृत्रिम पैर को अपना मॉडल बनाया। प्रमोद ने जब देखा कि कटे पैरवाले कुछ मरीज

कृत्रिम अंग को हटाकर फिर से बैसाखी के सहारे चलने लगे हैं, तो उन्हें बड़ा आश्चर्य हुआ। पहले तो उन्होंने सोचा कि शायद पैर ठीक से फिट नहीं हुआ है जिससे दर्द होने लगा है, या फिर वह टूट गया है। लेकिन जब रोगियों से पूछा तो जो जानकारी मिली उसकी उन्होंने अपेक्षा नहीं की थी।

विदेश में बने अंग में बंद जूता बना था जो यूरोपीय अथवा उत्तरी अमरीकी देशों में पहना जाता था ताकि पहननेवाले के पैर का सरदी से बचाव हो सके। जलवायु ठंडी होने के कारण काम-काज करने के लिए कुर्सी-टेबल की भी जरूरत होती थी। इसीलिए चलने-फिरने के लिए घुटनों और पैरों को जो गतिशीलता मिलनी चाहिए वह 'फर्नीचर के आस-पास ही चलने-फिरने' तक सीमित रह जाती थी।

दूसरी ओर गर्म जलवायु होने से प्रमोद के रोगी नंगे पैरों या फिर अच्छे हवादार जूते पहनकर चलना पसंद करते थे। फर्श पर पालथी मारकर बैठने की भारतीय परंपरा में घुटनों और टखनों का सही तरीके से मुड़ना जरूरी था–जिसकी दूसरे देशों में जरूरत नहीं होती थी। घर में, पूजा-स्थलों पर और खेतों में जूते उतारकर जाने की भारतीय संस्कृति भी एक कारण थी। प्रमोद के लिए यह एक बहुत बड़ी बाधा थी, लेकिन वह इसका हल खोजने के लिए कटिबद्ध थे। प्रमोद और उनकी टीम को ऐसे पैर को बनाने में, जो असली जैसा दिखे, जो टिकाऊ हो, पानी में खराब न हो, ऐसी सामग्री से बना हो, जो लगानेवाले को फर्श पर पालथी मारकर बैठने दे और जो भारतीय विकलांगों के लिए एकदम ठीक हो, पांच साल लगे। परीक्षण और भूलसुधार की इस प्रक्रिया में प्रमोद के रोगियों ने, पहननेवाले की प्रतिक्रिया ने, या दूसरे शब्दों में कहें तो इसका उपयोग करनेवाले की प्रतिक्रिया ने उनका काफी मार्गदर्शन किया, क्योंकि उनका मानना था कि वे लोग अच्छी तरह से जानते हैं कि उन्हें क्या चाहिए। एक

प्रतिभावान दस्तकारी प्रशिक्षक रामचंद्र, जिसे प्रमोद स्नेह से 'मास्टरजी' कहकर बुलाते थे, उनके लिए बहुमूल्य सहायक सिद्ध हुआ। कर्मचारियों के रहने के लिए बनाई गई उस बिल्डिंग में, जिसे प्रमोद ने विकलांगों के सोने का स्थान बनाया था, मास्टरजी ने अपना कारखाना बनाया। यही कारखाना कृत्रिम पैर बनाने का केंद्रस्थल बना।

इस दौरान एक टायर रिट्रेडिंग दुकान के मालिक चुगा भाई से भी उन्हें सहयोग मिला। वह उनके कृत्रिम पैरों के लिए रबड़ वल्कनाइज कर देते थे। सच तो यह है कि चुगा भाई को इस योजना में इतनी अधिक दिलचस्पी हो गई कि उन्होंने इसके लिए दाम लेने से भी इनकार कर दिया। अंततः कृत्रिम पैर तैयार भी हो गया और इसे लगानेवाले इसके रंग-रूप, इसके आरामदेह होने और इसके भारतीय जरूरतों के मुताबिक अनुकूल होने के बारे में पूरी तरह से संतुष्ट थे। यह पैर हलका था और गतिशीलता उत्कृष्ट थी। इसे लगानेवाले दौड़ सकते थे, पेड़ों पर चढ़ सकते थे और साइकिल चला सकते थे। और यह विदेशी अंगों के मुकाबले सस्ता भी था।

अपनी सफलता से प्रसन्न होकर उन्होंने इसका नाम 'जयपुर फुट' (जयपुर पैर) रख दिया जिससे यह ज्ञात हो कि यह जनसेवा के लिए डिजाइन किया गया है और यह सबके संयुक्त प्रयास का नतीजा है। अपने अनुभवों से प्रमोद ने जो कुछ सीखा वह काफी गहन था। पाश्चात्य मॉडल को न अपनाकर भारतीय परिस्थितियों के अनुकूल अंग का निर्माण करने की कोशिश करने के लिए उनके व्यवसाय के रूढ़िवादी सदस्यों ने उनका काफी मखौल उड़ाया था। और तो और, अपने विचारों को मूर्त रूप देने के लिए पारंपरिक तरीके से काम करनेवाले कारीगरों से काम कराने को भी संदेह से देखा जाता था। फिर भी, प्रमोद के अपने इरादे पर अटल रहने के कारण रास्ते में आई तमाम बाधाओं को पार करके उन्होंने सफलता प्राप्त कर ही

ली। इसके साथ ही भारतीय स्वभाव और संस्कृति के अंतर को समझे बिना ही विदेशी चिकित्सा प्रणाली को लागू करने की समस्याओं को वह अब और भी बेहतर तरीके से समझने लगे थे।

पुरस्कार

दुखद बात तो यह थी कि जब पाश्चात्य देशों में प्रमोद के कार्य को सराहा गया उसके बाद ही उन्हें यहां पर प्रशंसा मिली। उन्होंने 1970 में बैंगलोर में हुए एसोसिएशन आफ सर्जन्स आफ इंडिया के वार्षिक सम्मेलन में जयपुर फुट पर अपना पहला शोधपत्र पढ़ा। आक्सफोर्ड, इंग्लैंड में ब्रिटिश आर्थोपीडिक एसोसिएशन की 1971 में हुई एक बैठक में उन्होंने इस फुट के बारे में रिपोर्ट पेश की। द वेस्टर्न इंडिया आर्थोपीडिक सोसायटी ने 1973 में प्रमोद को एक स्वर्ण पदक भेंट किया, और 1974 में मांट्रेक्स, स्विटजरलैंड में प्रोस्थेटिक्स (कृत्रिम अंग) और आर्थोटिक्स पर हुए प्रथम विश्व सम्मलेन में उन्हें प्रधान भाषण देने के लिए कहा गया।

इस प्रकार जयपुर फुट को अंतर्राष्ट्रीय रूप से स्वीकृत कर लिया गया। मजेदार बात तो यह हुई कि ग्लासगो की यूनिवर्सिटी आफ स्ट्राथक्लाइड की प्रयोगशालाओं में परीक्षण करने के लिए इसे एक स्काटिश विकलांग के पैर में लगाया गया। और परीक्षण के अंत में उससे जब इसे निकालने को कहा गया तो उसने इसे निकालने से मना कर दिया। उसने महसूस किया कि स्काटलैंड की ऊंची जगहों पर पैदल यात्रा करने के लिए यह सर्वोत्तम है। इस दौरान प्रमोद को काम करने के लिए कई आकर्षक प्रस्ताव मिले, मगर उन्होंने जयपुर में ही रहना पसंद किया जहां अच्छा कार्य करने की बेहतर सुविधाएं थीं।

सन 1975 में अस्पताल की भूमि पर पुनर्वास केंद्र के निर्माण के

लिए बिहार के एक पुराने रोगी ने भारी धनराशि का दान दिया। इस दान तथा अन्य रोगियों से मिले दान ने प्रमोद के मन को छू लिया। अब उनके सपने साकार हो पाएंगे। पुनर्वास केंद्र, पांच मंजिल का शानदार भवन, 1976 तक तैयार हो गया। इसमें आधुनिक कार्यशालाएं और प्रशिक्षित कर्मचारी थे। मास्टरजी ने गांव के एक विकलांग की एक ऐलुमिनियम की आदमकद प्रतिभा भेंट की, जिसे प्रवेश द्वार पर लगाया गया। उसका चेहरा इस आशा से चमक रहा था कि भीतर अब उसका इलाज होगा और वह ठीक हो जाएगा।

सन 1975 जैन धर्म के भगवान महावीर का 2,500वां 'निर्वाण' वर्ष भी था। प्रमोद के एक पुराने रोगी डी.आर. मेहता की अध्यक्षता में जैनों की एक समिति बनाई गई जिसने भगवान महावीर विकलांग सहायता समिति बनाई और सवाई मान सिंह अस्पताल को एक बड़ी धनराशि दान में दी। समिति ने पुनर्वास केंद्र के साथ मिलकर काम करना शुरू कर दिया। इस समिति के कुछ सदस्य स्वयं विकलांग थे और धन देने, सलाह देने और विकलांगों को आश्रय देने में खुशी-खुशी प्रमोद की सहायता करते थे। इस समिति ने मुफ्त में जयपुर फुट लगाकर करीब सात लाख लोगों को चलने-फिरने में मदद की।

अधिकतर रोगियों को अस्पताल के परिसर में बनी एक इमारत में रखा जाता था। यह इमारत मूल रूप में एक मालगोदाम थी। जैसे-जैसे लोगों को इस सफल इलाज की जानकारी मिलती गई, वैसे-वैसे आनेवाले लोगों की संख्या बढ़ती गई। उदाहरण के तौर पर, 1978 में राजस्थान से 392 रोगी आए जबकि अन्य राज्यों से 319 रोगी आए–और उनकी संख्या बढ़ती ही जा रही थी।

प्रमोद ने किसी भी रोगी को वापस नहीं भेजा। उन्होंने इस बढ़ती भीड़ को अपने अभिनव तरीके से संभाला। जिस सायबान में प्रमोद कभी अपने फिजिकल थेरेपी के उपकरण रखा करते थे उसे उन्होंने

रोगियों के लिए रहने की जगह बना दिया। अस्पताल के पारंपरिक वार्ड में जैसा बंधन महसूस होता है वैसा न महसूस करके वे लोग यहां विश्रांति और आराम महसूस करें। उनके और उनके परिजनों को बैठने, सोने और भोजन बनाने की सुविधाएं प्रदान की गईं। इससे भी अधिक, विकलांग लोग कृत्रिम अंग कैसे बनाया जाता है यह देख सकते थे जो तकनीक की 'रहस्यमयता' को दूर करके उन्हें निश्चिंत होने में मदद करता था।

पुनर्वास केंद्र में रहने के दौरान ग्रामीण विकलांग, साक्षरता कक्षाओं में जाकर पढ़ना सीख सकते थे, शिल्पकला या व्यवसाय का प्रशिक्षण ले सकते थे या फिर दूसरे रोगियों से मिलजुलकर आपस में अपने अनुभव बांट सकते थे। विकलांग व्यक्ति कृत्रिम पैर लगाकर जिस बिंदु तक चलकर जा सकता था वहां तक का समय जब मापकर देखा गया तो वह था, 45 मिनट—यह तथ्य अकसर अतिथि डाक्टरों को चकित कर देता था। यह एक प्रकार की सामूहिक चिकित्सा थी जिसमें कारीगर विकलांग व्यक्ति की खुशी और कठिनाइयों में शामिल होते थे। केंद्र में दो कार्यशालाएं थीं—मोहम्मद खान की कार्यशाला, जो शहरी मध्यवर्ग के रोगियों की जरूरतें पूरी करती थी और दूसरी मास्टरजी की कार्यशाला थी, जो मुख्य रूप से गरीबों की सेवा करती थी।

एक बार दिवाली से पहले केंद्र में प्रतीक्षा कर रहे 80 विकलांगों को अंग देने के लिए कारीगर रातभर काम करते रहे ताकि हर विकलांग अपने घर में दिवाली मना सके। इसके साथ ही, भारतीय कारीगरों की बुद्धिमानी और कार्यदक्षता पर प्रमोद का विश्वास सही साबित हुआ। केंद्र की समय-सारणी के अनुसार उनकी कठोर दिनचर्या में सर्जरी और शिक्षण का हिस्सा अधिक रहता था, बाकी बचा समय विकलांगों के साथ व्यतीत होता था। बहुत सालों से

प्रमोद के पास छुट्टी मनाने का समय ही नहीं होता था। फुरसत का समय वह अपने परिवार के साथ बिताना पसंद करते थे। उनका परिवार उनके व्यावसायिक जीवन की अपेक्षाओं को समझता था, विशेष तौर पर उनकी पत्नी सुलोचना, जो उनके लिए मनोबल का बहुमूल्य स्रोत थीं। वह प्रायः केंद्र चली जातीं वहां उन्होंने कारीगरों और विकलांगों के साथ सौहार्दपूर्ण संबंध बना लिए थे जो अपनी समस्याएं और शिकायतें उन्हें बताते रहते थे।

प्रमोद की दिनचर्या के बीच एक काम और ऐसा था जिसकी वह और उनका पुत्र हर्ष उत्सुकता से प्रतीक्षा करते थे। प्रमोद अपने कुछ दोस्तों के साथ बौद्धिक चर्चाएं किया करते थे जिनमें वयस्क और समझदार हो जाने पर हर्ष को भी भाग लेने की अनुमति मिल गई थी। इन प्रेरणात्मक चर्चाओं में व्यापक विषयों पर विचार-विमर्श होता था। हर्ष को भी अपने विचार प्रकट करने का मौका दिया जाता था। इन चर्चा-सत्रों में हर्ष ने जिस भाषा-शैली और संकल्पनाओं को आत्मसात् किया उसने भविष्य के लिए हर्ष में थोड़ा आत्मविश्वास तो अवश्य ही उत्पन्न किया। हर्ष, जो अब एक प्रतिष्ठित पत्रकार हैं, इसे कृतज्ञतापूर्वक याद करते हैं। यह जानते हुए कि दिलचस्प व्यवसाय होने के बावजूद भी, चिकित्सा का क्षेत्र पारिवारिक जीवन में काफी कठिनाइयां उत्पन्न कर सकता है, प्रमोद ने अपने बच्चों पर अपना अनुसरण करने का दबाव नहीं डाला और उन्हें अपना करियर स्वयं चुनने दिया। बेटी अमृता ने डाक्टर बनना पसंद किया।

समस्याएं, स्पर्धा और प्रशंसा

जैसे-जैसे समय बीतता गया, प्रमोद धीरे-धीरे छोटी संस्थाओं और ग्रामों के महत्त्व पर गांधीजी के विचारों को अपनाते गए।

हालांकि वह अब भी नेहरू को एक अच्छा इंसान मानते थे। केंद्रीय रूप से नियंत्रित निर्णय और नेहरू द्वारा प्रचारित विशाल संस्थान निष्फल साबित हुए थे, जहां भ्रष्टाचार पनप सकता था। यही कारण था कि प्रमोद ने सार्वजनिक क्षेत्र के उद्यम आर्टीफिशियल लिंब मेन्युफेक्चरिंग कारपोरेशन (ALIMCO) (कृत्रिम अंग निर्माण निगम), के बड़े पैमाने पर कृत्रिम अंगों का उत्पादन करने की योजना का विरोध किया। प्रमोद ने देखा कि ये अंग 'भारतीय परिस्थितियों के अनुकूल नहीं हैं' और बहुत महंगे भी हैं। प्रमोद को इसके लिए बातें भी सुननी पड़ीं, लेकिन वह अपने निर्णय पर अटल रहे।

कई अन्य समस्याएं भी थीं जिनका सामना उन्हें करना पड़ रहा था। उनके पिता का 1969 में निधन हो गया। इसका उन्हें गहरा आघात लगा। इसके अलावा केंद्र में काम का बोझ काफी बढ़ गया जिसके कारण गुणवत्ता को नियंत्रित करना काफी कठिन होता जा रहा था। मास्टरजी ने कई बार सेवानिवृत्त होने की कोशिश की क्योंकि वह प्रशिक्षुओं से संतुष्ट नहीं थे जिनके लिए उनका श्रेष्ठ स्तर बनाए रखना कठिन हो रहा। प्रमोद को हर बार उन्हें मनाकर रोक लेना पड़ता था। इसके साथ ही ऐसे डाक्टरों और कारीगरों की खोज करके उन्हें प्रशिक्षित करने का काम भी था जो इस काम को आगे भी चलाते रहें। प्रमोद चाहते थे कि डाक्टरों, कारीगरों और स्वयंसेवियों को एक साथ जोड़े रखने के जयपुर उदाहरण को सामने रखकर सारे भारत में ऐसे केंद्र बनाए जाएं जहां विकलांग अपने घर के निकट ही इस सेवा का लाभ उठा सकें। लेकिन वह ये केंद्र ऐसे स्थानों पर ही बनाना चाहते थे जहां जिम्मेदार लोग रहते हों जो इस केंद्र को चला सकें।

प्रमोद तकनीकी विवरणों और जानकारियों की सलाह देने के लिए हमेशा तैयार रहते थे। फलस्वरूप, जयपुर की तरह जोधपुर के महात्मा गांधी अस्पताल में भी एक पुनर्वास केंद्र बनाया गया जिसमें

जयपुर के प्रशिक्षित डाक्टर और कर्मचारी थे। राजस्थान और गुजरात के कई अस्पताल जयपुर फुट का प्रयोग करने लगे और मार्गदर्शन के लिए प्रमोद के पास आने लगे। साथ ही साथ प्रमोद रोगियों का आत्मविश्वास बढ़ाने और तकनीकी शब्दावली के ही गुलाम न बने रहकर 'रोगियों की बात' पर भी विश्वास करने के लिए डाक्टरों को प्रोत्साहित करते रहते थे। अब उनके प्रशंसकों की भी कमी नहीं थी। केंद्र के काम ने इस धारणा को दूर करने में मदद की कि पश्चिम में कृत्रिम अंगों तथा अस्थि-विज्ञान के क्षेत्र में इतना कुछ विकसित कर लिया गया है कि विकासशील देशों के लिए इस क्षेत्र में शोध करने की कोई गुंजाइश ही नहीं बची है।

प्रमोद द्वारा प्रशिक्षित कुछ युवा डाक्टरों ने उनके विचारों का प्रचार करने और विकलांगों को सेवाएं प्रदान करने के काम की रहस्यमयता को समाप्त करने में बड़ी मदद की। महावीर विकलांग सहायता समिति को सार्वजनिक और निजी दोनों का मिलना उसी तरह जारी रहा और विकलांगों के साथ उनके काम करने में उनकी मूल्यों और प्राथमिकताओं की प्रमोद की निर्मल भावना के साथ ही चिकित्सा-आचारशास्त्र का पालन करने पर जोर देने के कारण कई स्वयंसेवी इस सेवा कार्य की ओर खिंचे चले आए। उनके अत्यंत उत्साही प्रशंसक शायद उनके वे असंख्य रोगी थे जिन्हें उन्होंने एक नया जीवन, एक नई शुरूआत दी। उदाहरण के लिए, भरतनाट्यम नृत्यांगना सुधा चंद्रन ने सार्वजनिक रूप से उन्हें धन्यवाद दिया कि एक दुर्घटना के कारण अपना पैर गंवाने के बाद प्रमोद ने उन्हें फिर से नृत्य करने लायक बना दिया।

इस बीच, पुनर्वास केंद्र के काम की अखबारों, पत्रिकाओं में काफी चर्चा हुई। सरकारी अधिकारियों और चिकित्सा क्षेत्र से जुड़े लोगों ने भी इसकी बहुत प्रशंसा की।

प्रमोद ने 1973-74 में 'कार्तिक मेडिकल' जीता। प्रमोद को 1979 में 'श्रेष्ठ चिकित्सा शिक्षक' का बी.सी. राय पुरस्कार प्रदान किया गया। भारत सरकार ने 1981 में उनके महान कार्य के लिए उन्हें पद्श्री की उपाधि से सम्मानित किया।

सामुदायिक नेतृत्त्व के लिए 1981 में प्रमोद को जब प्रतिष्ठित रेमन मेगसायसाय पुरस्कार मिला, तो वह आश्चर्यचकित रह गए।

सेवानिवृत्ति के बाद

अगले वर्ष प्रमोद सेवानिवृत्त हो गए। उन्होंने आगे भी पद पर बने रहने की इच्छा नहीं प्रकट की क्योंकि उनका मानना था कि ऐसा करना उनके बाद उस पद पर आनेवाले के प्रति अन्याय होगा। वह जयपुर के संतोकबा दुर्लभजी अस्पताल में आर्थोपीडिक सर्जरी के अवैतनिक सलाहकार बन गए। वहां उन्होंने पोलियो केलिपर्स पर दुबारा काम शुरू कर दिया। अस्सी के दशक के अंत तक केलिपर्स का एक नया सुधरा हुआ डिजाइन तैयार हो गया जिसमें कार्बन फाइबर का प्रयोग किया गया था। ये पारंपरिक ब्रेसेस हलके थे और इन्हें आम जूतों के साथ पहना जा सकता था। ये मांसपेशियों को और भी सख्त बनाने में मदद करते थे। यह अत्यंत उपयोगी सुधार था, विशेषकर राजस्थान के संदर्भ में, जहां पोलियो का काफी जोर था। इन ब्रेसेस को जयपुर फुट जितनी लोकप्रियता नहीं मिली।

इसी दौरान उन्हें कई प्रकार की स्वास्थ्य समस्याओं से भी जूझना पड़ रहा था। 1985 में प्रमोद की हृदय की धमनी की बायपास सर्जरी हुई। जयपुर में 7 जनवरी, 2008 को हृदयाघात से 80 वर्षीय प्रमोद करण सेठी का देहांत हो गया।

किरण बेदी

दीपा अग्रवाल

“बाइस वर्ष पूर्व मैंने विशिष्ट मानी जानेवाली भारतीय पुलिस सेवा में शामिल होने का निश्चय किया क्योंकि मुझे इसमें ‘कुछ भी कर सकने की शक्ति’, ‘कुछ भी करवा सकने की शक्ति’, और ‘सुधार करने की शक्ति’ की अपार संभावनाएं दिखाई दी थीं। मेरे मन में यह बात पूरी तरह जम गई थी कि किसी भी देश की पुलिस मानवाधिकारों और कानून के नियमों की सबसे बड़ी संरक्षक है—साथ ही साथ यह दोनों ही की सबसे बड़ी उल्लंघनकर्ता भी हो सकती है।”

किरण बेदी
(सन 1994 में मेगसायसाय पुरस्कार
ग्रहण करने के समय दिया वक्तव्य)

किरण बेदी

सामने धू-धू करके जल रही इमारत खौफनाक नजारा पेश कर रही थी। पुलिसवालों का दल असहाय खड़ा देख रहा था। मदद के लिए चीख रहे लोगों की आवाजों से उनके कान के परदे फटे जा रहे थे। एक बच्चा अंदर फंसा हुआ था। अचानक, पुलिस की वरदी पहने एक युवती पास ही लगे हैंडपंप की ओर दौड़ी। उसने जल्दी-जल्दी पंप चलाया और अपने कपड़ों को पानी से तर कर लिया। घबराए हुए पुलिसवालों ने यह कहते हुए उसे रोकने की कोशिश की कि इसमें खतरा है, लेकिन उसने किसी की बात नहीं सुनी और दौड़कर जलती इमारत में घुस गई। कुछ ही मिनटों में वह बाहर निकली, उसके हाथों में बच्चा था।

वह युवती कोई और नहीं, किरण बेदी थी, जिसे प्रसिद्ध लेखक खुशवंत सिंह ने अपने कालम 'मेलिस टूवर्ड्स आल' में बेदी को 'मेरी परिचित एक दुस्साहसी महिला' बताया था। वह भारत की पहली महिला आइ.पी.एस. (इंडियन पुलिस सर्विसेज) अधिकारी किरण बेदी दुस्साहसी होना ही वह गुण था जिसने उनके असाधारण करियर के उतार-चढ़ाव से गुजरते हुए उन्हें शिखर तक पहुंचा दिया और हजारों भारतीय युवतियों का आदर्श बना दिया।

किरण बेदी की उपलब्धियों को मीडिया में व्यापक रूप से प्रचार मिला और उनके जीवन पर आधारित 'कर्तव्यम' (तेलुगु) और 'तेजस्विनी' जैसी फिल्में तथा 'उड़ान' एवं 'इंस्पेक्टर किरण' जैसे टीवी धारावाहिक बने।

अध्यवसाय

विभाजन के सदमे से अमृतसर अभी पूरी तह उबर नहीं पाया था। इसी दौरान 9 जुलाई, 1949 को प्रेमलता पेशावरिया ने अपनी दूसरी बेटी किरण को जन्म दिया। प्रेमलता और उनके पति प्रकाश लाल ने कभी सोचा भी नहीं होगा कि उनकी यह बेटी बड़ी होकर देशभर की लड़कियों का प्रेरणा स्रोत बन जाएगी।

प्रकाश को अग्निपरीक्षा से तब गुजरना पड़ा जब उन्होंने अपनी सबसे बड़ी बेटी शशि को अमृतसर के सेक्रेड हार्ट कान्वेंट स्कूल में भर्ती कराया जिसे बेल्जियम की मिशनरी ननें चला रही थीं। उनके पिता इस बात से बहुत नाराज हुए कि उनकी पोती क्रिश्चियन स्कूल में पढ़ेगी। उन्होंने प्रकाश को दिया जानेवाला खर्च बंद कर दिया। लेकिन फिर भी प्रकाश ने हार नहीं मानी। पहले शशि, फिर किरण और दोनों छोटी बहनों को भी उसी स्कूल में भेजा गया। इसके कारण काफी तकलीफें झेलनी पड़ीं, मगर प्रकाश और प्रेमलता ने साहसपूर्वक इनका सामना किया। हालांकि उनके पिता उनकी चारों बेटियों को 'बोझ' समझते थे, लेकिन प्रकाश ने अपनी बेटियों को कभी बोझ नहीं माना। उन्होंने उन्हें कई मौके दिए ताकि वे अपना करियर बना सकें।

दृढ़ निश्चय और अध्यवसाय के गुण किरण को अपने माता-पिता से विरासत में मिले थे। स्कूल उनके घर से 16 किलोमीटर दूर था और इन बहनों को बस स्टैंड तक पहुंचने के लिए पांच किलोमीटर

पैदल चलकर जाना पड़ता था। जब-जब संभव होता तब-तब वे अपनी बेहतर आर्थिक स्थितिवाली सहपाठिनों से मदद मांगकर उनके साथ तांगे पर चली जातीं और इस तरह बस का किराया बचाकर घर जाकर माता-पिता को लौटा देतीं। कभी-कभी तो वे अपनी फीस भी समय पर दे नहीं पाती थीं जिसके कारण स्कूल में उन्हें शर्मिंदा होना पड़ता था।

यही कारण रहा कि अपनी स्कूल की शिक्षा से जितना अधिक सीख सकती थीं उन्होंने उसे आत्मसात् किया ताकि उनके माता-पिता का त्याग व्यर्थ न जाए। उन्होंने जितनी भी गतिविधियां उन्हें उपलब्ध हुईं उन सभी में भाग लिया। उन्होंने टेनिस खेला, वाद-विवाद, खेल-कूद, नाटक, एन.सी.सी. (नेशनल केडेट कोर) आदि सभी में भाग लिया। मैट्रिक करने के बाद किरण ने अमृतसर के शासकीय महिला कालेज में दाखिला ले लिया। राजनीतिशास्त्र मनपसंद विषय था क्योंकि इसने उन्हें सिखाया कि देश का नागरिक होने के नाते उनकी क्या जिम्मेदारियां हैं। राज्य प्रशासन के सिद्धांत और शक्तियां तथा शासन के कार्य ने उनकी कल्पनाओं को पंख लगा दिए।

वह एन.सी.सी. में भी सक्रिय रूप से भाग लेती थीं। वरदी के कारण उनमें कर्तव्य की भावना जागृत होने लगी; उन्हें अनुशासन का पालन करना आ गया। उनकी निष्ठा देखकर शीघ्र ही उन्हें प्लाटून कमांडर बना दिया गया। उन्हें वार्षिक दिवस परेड की अगुवाई करने के लिए भी चुन लिया गया।

टेनिस

शायद यह टेनिस का खेल ही था जिसने उनमें जुझारूपन का गुण कूट-कूटकर भर दिया, जो बाद में उनके जीवन में बहुत उपयोगी

सिद्ध हुआ। टेनिस ने उन्हें कठिन परिश्रम और अध्यवसाय का क्या महत्त्व है यह सिखा दिया। इसके साथ ही यह भी सिखाया कि मानसिक और शारीरिक रूप से मजबूत रहना कितना महत्त्वपूर्ण है। उनके पिता ने उन्हें नौ वर्ष की आयु से टेनिस का खेल सिखाना शुरू किया और तेरह वर्ष की होने पर वह टेनिस प्रतिस्पर्धाओं में भाग लेने लगीं। चौदह वर्ष की आयु में उन्होंने अमृतसर से बाहर जाकर जीवन का जो पहला टूर्नामेंट खेला, वह था—दिल्ली जिमखाना के कोर्ट पर 1964-65 की राष्ट्रीय चैंपियनशिप। किरण फोरहैंड में तो अच्छी थीं मगर बैकहैंड खेलने में कमजोर थीं। इस कारण वह विल्स से हार गईं जो विंबलडन में खेलती थी। मगर वह इससे हतोत्साहित नहीं हुईं और खेलती ही रहीं। दो साल बाद, सोलह साल की आयु में वह राष्ट्रीय जूनियर चैंपियन बन ही गईं। इसके बाद उन्होंने एशियन खिताब भी हासिल कर लिया। बाद में उन्होंने कठिन परिस्थितियों के बावजूद अपनी छोटी बहन रीता के साथ मिलकर पंजाब विश्वविद्यालय का अंतरविश्वविद्यालय महिला टीम का खिताब भी जीत लिया और फिर राष्ट्रीय और एशियन खिताब भी अपने नाम कर लिए। उनके बाल लंबे होने से उन्हें खेलने में परेशानी होती थी इसलिए एक दिन वह अपने बाल 'बाय-कट' स्टाइल में कटवाने जा पहुंचीं। आज तक उनका यही स्टाइल है।

किरण ने 1979 में पहली बार आयोजित महिला उत्सव के खेलों में अपनी छोटी बहन अनु पेशावरिया के साथ खिताब के साथ ही तीन स्वर्ण और दो रजत पदक जीते।

खेल में भाग लेने के कारण किरण को जीवन के अनेक पहलुओं की जानकारी मिली जिनका उन्हें बाद में सामना करना पड़ा। लड़कियां होने की वजह से यात्रा भत्तों और मुख्य कोर्ट पर खेलने के उनके अधिकार के बारे में उनके साथ भेदभाव किया जाता था। विपरीत

परिस्थितियों के आगे झुक जाने के बजाय उनका डटकर सामना करना भी उन्हें सीखना पड़ा। प्रतिस्पर्धात्मक टेनिस खेलने का यह भी अर्थ था कि वह सदा चुस्त-दुरुस्त रहें, अतः अपनी ऊर्जस्विता बनाए रखने के लिए वह रोजाना मीलों दौड़ा करतीं।

किरण तीस वर्ष की आयु तक टेनिस प्रतियोगिताओं में खेलती रहीं, यहां तक कि सरकारी नौकरी कर लेने के बाद भी उन्होंने खेलना नहीं छोड़ा और कई खिताब जीते।

अपने पुलिस प्रशिक्षण के दौरान वह भारत की नंबर दो खिलाड़ी थीं। भारत-श्रीलंका महिला खेल प्रतियोगिता के लिए श्रीलंका भेजी गई टीम में भी वह शामिल थीं। यहां भी किरण ने सभी मैच जीत लिए और भारतीय टीम ट्राफी जीतकर लौटी।

वह अपनी पढ़ाई पर भी उतना ही ध्यान देती थीं जितना खेल पर। उन्हें इसमें भी आगे रहना था ताकि सरकारी नौकरी में अपना करियर बना सकें, जो कि उनका मुख्य लक्ष्य था। इसका अर्थ था कि किसी भी काम को पूरा करने के लिए अपने संचित बल को इकट्ठा करके एकाग्र मन से उसे पूरा करना। उन्होंने अमृतसर के शासकीय महिला महाविद्यालय से इंग्लिश आनर्स (1964-68) किया। किरण ने सदा विजयी रहने का संकल्प लिया था। यहां भी वह पीछे कैसे रहतीं? उन्होंने जब पंजाब विश्वविद्यालय से राजनीतिशास्त्र विषय लेकर स्नातकोत्तर किया तो पूरे विश्वविद्यालय में सर्वोच्च अंक लेकर प्रथम स्थान प्राप्त किया। उन्होंने 1988 में दिल्ली विश्वविद्यालय से विधि विषय में स्नातक की उपाधि और 1993 में दिल्ली के इंडियन इंस्टीट्यूट आफ टेक्नालाजी के सामाजिक विज्ञान विभाग से पी.एच.डी. किया। उन्हें पहली नौकरी जो मिली वह अमृतसर के खालसा महिला महाविद्यालय में प्राध्यापक की थी। यहां उन्होंने दो वर्ष काम किया और साथ-साथ लोक-सेवा परीक्षा की तैयारी भी करती रहीं।

अमृतसर के टेनिस कोर्ट पर किरण की बृज बेदी से मुलाकात हुई। उनमें प्रेम हो गया और अमृतसर के शिव मंदिर में 9 मार्च, 1972 को एक सादे समारोह में उनके माता-पिता और निकट मित्रों की उपस्थिति में दोनों का विवाह हो गया।

सफलता की दीप्ति

एक और कारण से भी 1972 का साल उनके लिए महत्त्वपूर्ण रहा। 16 जुलाई, 1972 को उन्हें भारतीय पुलिस सेवा में चुनी जानेवाली प्रथम महिला होने का गौरव प्राप्त हुआ जो एक रिकार्ड था। हालांकि साक्षात्कार के समय यह कहकर कि उनके लिए यह अत्यंत दुष्कर साबित होगा, उन्हें इसमें शामिल होने से हतोत्साहित किया गया। किरण बेदी इससे जरा भी भयभीत नहीं हुईं। वह तो उनकी खेल की पृष्ठभूमि थी कि उन्होंने माउंट आबू स्थित राष्ट्रीय पुलिस अकादमी के कड़े प्रशिक्षण को सफलतापूर्वक झेल लिया।

उनकी पहली नियुक्ति सबडिवीजनल पुलिस अधिकारी के रूप में नई दिल्ली के चाणक्यपुरी इलाके में हुई। उनके प्रथम पुलिस अधिकारी बनने की मीडिया में व्यापक चर्चा हुई। 'द हिन्दुस्तान टाइम्स' में 20 जुलाई, 1973 को प्रकाशित एक साक्षात्कार में उन्होंने एक अत्यंत प्रभावशाली बात कही कि "वह कोई विशिष्ट...कोई चुनौतीभरा काम करना चाहती हैं।" उन्होंने कहा कि महिलाएं पुलिस बल के लिए अत्यंत लाभदायक सिद्ध हो सकती हैं क्योंकि "वे जन्मजात ही सहृदय और प्रेममयी होती हैं।"

इन्हीं शब्दों ने उनके आगामी करियर की झलक दिखा दी। किरण बेदी हमेशा ही कोई असाधारण काम कर बैठतीं और चुनौतियां स्वीकार करती रहतीं। प्रथम महिला पुलिस अधिकारी होने के कारण

उनके वरिष्ठ अधिकारी उन्हें रात में गश्त नहीं लगाने की सलाह देते थे। लेकिन किरण बेदी वे सारे काम जो एक पुलिस अधिकारी होने के नाते उन्हें करना चाहिए, करने की जिद करतीं। उनका काम ही ऐसा था कि उन्हें अकसर घर से दूर रहना पड़ता था।

स्त्री होने के कारण किरण बेदी को हमेशा यह साबित करते रहना पड़ता था कि वह अपने पुरुष सहयोगियों के बराबर, बल्कि उनसे भी बेहतर कार्य करने में सक्षम हैं। उन्हें जो भी कार्य दिया गया उसमें उन्होंने अपनी छाप अवश्य छोड़ी। एक विवादास्पद व्यक्ति के रूप में उनकी ख्याति थी, लेकिन किसी भी मिशन को पूरा करने की उनकी धुन के चलते आम आदमी को हमेशा उससे फायदा ही हुआ।

उनकी अग्निपरीक्षा निरंतर चलती ही रही। 26 जनवरी, 1973 को दर्शकों ने देखा कि गणतंत्र दिवस की परेड में दिल्ली पुलिस के पुरस्कृत दस्ते का नेतृत्व एक महिला अधिकारी कर रही है। इससे प्रधानमंत्री इन्दिरा गांधी इतनी प्रभावित हुईं कि उन्होंने अगले ही दिन सुबह इस महिला अधिकारी को नाश्ते के लिए बुला लिया। बहुत कम लोग ही ये बात जानते हैं कि उनके वरिष्ठ अधिकारियों ने परेड का नेतृत्व करने की उनकी क्षमता पर संदेह प्रकट किया था, क्योंकि ऐसा करने का मतलब था, हाथ में भारी तलवार पकड़कर 15 किलोमीटर मार्च करना, किरण बेदी को यह सुअवसर हाथ से न जाने देने के लिए काफी संघर्ष करना पड़ा था।

उनका साहस 5 नवंबर, 1979 को, एक बार फिर से दिखाई दिया। तलवारें हाथ में लिए अकाली सिखों का एक विशाल दस्ता राष्ट्रपति भवन की ओर बढ़ रहा था। वे सिखों के ही एक अलग पंथ, निरंकारी सिखों के संत समागम के विरोध में प्रदर्शन कर रहे थे। जैसे ही वे राष्ट्रपति के निवास के करीब पहुंचे, उनका प्रदर्शन उग्र हो गया।

किरण बेदी का उस पुलिस दस्ते का नेतृत्व करने का मतलब था प्रदर्शनकारियों को नियंत्रित करना। जब किरण बेदी ने उन्हें रुकने का आदेश दिया, तो उन्होंने पलटकर पुलिस दस्ते पर ही आक्रमण कर दिया। पुलिसवाले जब पीछे हटने लगे, तो किरण बेदी आक्रमणकारियों को भगाने के लिए आगे दौड़ीं, जबकि उनके पास हथियार के नाम पर केवल एक बैटन (डंडा) ही था। उन्होंने स्वयं पर हो रहे प्रहारों की कोई परवाह नहीं की और ऐसे दृढ़ निश्चय के साथ उन पर टूट पड़ीं कि उन्हें पीछे हटने के लिए बाध्य होना पड़ा। उनकी टुकड़ी के लोग भी इससे प्रेरित होकर उनका साथ देने आ गए और शीघ्र ही आसन्न दंगे को दबा दिया गया। अपने कर्तव्य पालन की सीमा से भी आगे जाकर किए गए इस साहसी कारनामे के लिए अक्टूबर 1980 में उन्हें बहादुरी के पुलिस पदक से सम्मानित किया गया।

यह तो किरण बेदी की बहादुरी और अपने काम के प्रति उनकी निष्ठा का मात्र एक उदाहरण था। पुलिस उपायुक्त, पश्चिम के तौर पर उन्होंने 1980 में 200 साल से चल रहे शराब के गैरकानूनी धंधे बंद कराए और सांसी जनजाति के लोगों का, जो अंगरेजों के जमाने से चोरी से शराब बेचने का धंधा करते थे, पुनर्वास किया। इससे अपराध की दर में कमी हुई। 'क्रेन बेदी' के रूप में उन्होंने दिखा दिया कि अगर आप कानून लागू करने के लिए कृतसंकल्प हो जाएं, तो दिल्ली के अस्तव्यस्त यातायात को नियंत्रित करना असंभव नहीं है।

क्रेन बेदी

अक्टूबर 1981 में, पुलिस उपायुक्त यातायात के रूप में किरण बेदी को अपनी बात साबित करने का एक सुनहरा मौका हाथ लगा। जिस समय उन्होंने यह पदभार ग्रहण किया उस समय 1982 में

दिल्ली में होनेवाले एशियन गेम्स की तैयारियां चल रही थीं, जिसके कारण शहर की यातायात व्यवस्था भयंकर रूप से गड़बड़ा गई थी। उन्नीस खेल स्टेडियमों और कई फ्लाइओवरों का निर्माण कार्य जोरशोर से चल रहा था, इसके कारण रास्तों पर अवरोध लगा दिए गए थे और कई रास्तों में यातायात का मार्ग बदल दिया गया था जिससे लोग और भी उलझन में पड़ गए थे। वैसे भी, दिल्ली के लोग कानून का पालन करनेवालों में से नहीं थे। किरण बेदी ने इस जटिल काम में स्वयं को दिलोजान से झोंक दिया। वह प्रातः छह बजे ही अपने कार्यालय पहुंच जातीं और आठ बजे तक अपना लिखापढ़ी का कार्य समाप्त करके अपने सहयोगियों के लिए स्पष्ट निर्देश छोड़ने के बाद वह लाउडस्पीकर लगी अपनी सफेद एंबेसेडर कार में बैठकर सड़क पर निकल आतीं और व्यक्तिगत रूप से यातायात की जांच करतीं। वह रास्ते में पड़नेवाले सभी यातायात सिग्नलों के समय की जांच करती जातीं और तुरंत ही उन्हें ठीक करवा देतीं। गलत ढंग से कार चला रहे लोगों को रोककर वहीं उन पर जुर्माना लगा देतीं। गलत ढंग से पार्क की हुई कारों को क्रेन से उठवाकर ले जातीं। इसी कारण लोगों ने उनका नाम ही 'क्रेन बेदी' रख दिया था।

उनके मातहत सहयोगी उनसे इतने प्रेरित हुए कि गलत ढंग से पार्क की गई प्रधानमंत्री की सफेद एंबेसेडर कार को भी बख्शा नहीं गया। हालांकि प्रधानमंत्री उन दिनों दिल्ली में नहीं थीं और ड्राइवर ही कार को मरम्मत के लिए ले गया था। कानून से ऊपर कोई नहीं और दिल्ली के नागरिकों को यह जान लेना चाहिए।

किरण बेदी ने सुझाव दिया कि जब तक निर्माण कार्य चल रहा है तब तक दिल्ली नगर निगम, दिल्ली विद्युत आपूर्ति उद्यम और दिल्ली विकास प्राधिकरण जैसे विभिन्न सरकारी विभागों को आपस में पूरे तालमेल के साथ काम करना चहिए। अतः अधिकारियों ने एक

बस में सड़क के एक छोर से लेकर दूसरे छोर तक सफर करने का निश्चय किया। रास्तेभर वे निरीक्षण करते रहे और जहां आवश्यक लगा, वहीं निर्णय भी ले लेते। इस 'चलती-फिरती सरकार' ने शानदार काम किया। "मेरा केवल एक ही लक्ष्य था," उन्होंने कहा, "और वह था यातायात को अनुशासित और सुव्यवस्थित गति से चलाना ताकि किसी को यह शिकायत करने का मौका न मिले कि यातायात कछुवे की चाल से सरक रहा था इसलिए हम समय पर वहां (एशियन गेम्स में) पहुंच नहीं पाए।" एशियन गेम्स किसी यातायात बाधा के बिना सुगमतापूर्वक संपन्न हो गए क्योंकि क्रेन बेदी ने व्यवस्था की थी। उन्होंने यह भी व्यवस्था की थी कि तिराहों, चौराहों पर बीच के जमीन के हरित टुकड़ों, बूथों, संकेतकों आदि को भी प्रायोजकों में उचित रूप से बांटा जाए। एशियाड के दौरान उनके अथक परिश्रम को हर किसी ने सराहा।

स्वाभाविक था कि इससे निहित स्वार्थोंवाले लोग जरा भी खुश नहीं थे। इसका नतीजा यह हुआ कि एशियन गेम्स समाप्त होते ही उनको 1983 में गोवा स्थानांतरित कर दिया गया।

किरण बेदी के लिए यह विशेष रूप से कष्टदायक रहा क्योंकि उनकी सात वर्ष की बेटी सुकृति नेफ्राइटिस की बीमारी से पीड़ित थी। फिर भी, गोवा पहुंचते ही वह अपने इस नए काम में भी उसी निष्ठा से जुट गईं जैसे पहले थीं। यहां भी उन्होंने कुछ वी.आई.पी. लोगों की नाराजगी मोल ले ली। लेकिन आम लोगों ने यातायात व्यवस्था को सुधारने के उनके प्रयासों की सराहना ही की। राष्ट्रमंडल के शासन प्रमुखों की बैठक (चोगम) ने उन्हें असंभव दिखनेवाली समस्याओं का रचनात्मक समाधान करने की उनकी योग्यता को प्रदर्शित करने का एक और सुयोग उपलब्ध करा दिया।

यातायात को व्यवस्थित रूप से चलाने के लिए किरण बेदी के पास

केवल 25 पुलिसकर्मी थे। गोवा के युवाओं ने बड़े उत्साह से चोगम में भाग लिया, दर्शकों की तरह नहीं, बल्कि प्रशिक्षित पुलिस कैडेटों के रूप में। एन.सी.सी. के 1,200 कैडेटों के लिए यह एक अविस्मरणीय अनुभव था और यह काम उन्होंने कुशलतापूर्वक किया।

उनकी बेटी सुकृति का स्वास्थ्य लगातार खराब होता जा रहा था इसलिए किरण बेदी छुट्टी लेकर अपनी बेटी की देखभाल करने दिल्ली आ गईं। अधिकारियों ने उनकी छुट्टी और बढ़ाने से इनकार कर दिया और उन्हें अपने काम से भगोड़ा घोषित कर दिया। परेशान होकर किरण बेदी ने इस अन्याय का जोरदार मुकाबला किया। इसका नतीजा यह हुआ कि कोई दूसरा पद दिए जाने से पहले उन्हें छह महीने बिना किसी पद के रहना पड़ा।

चुनौतियों पर चुनौतियां

उन्हें नवंबर 1984 को डी.जी.आइ.सी. (डायरेक्टोरेट जनरल आफ इंडस्ट्रियल कान्टिन्जेंसी) के महत्त्वपूर्ण पद पर नियुक्त किया गया। डी.जी.आई.सी. का काम था औद्योगिक संबंधों पर बारीकी से नजर रखना और खुफिया तथा विश्लेषणात्मक रिपोर्टें भेजना। इस विभाग (गैर-पुलिस) में काम करना एक नया ही अनुभव था।

औद्योगिक संबंधों के प्रबंध के क्षेत्र में क्या काम किया जा रहा है इसका निरीक्षण करने के लिए किरण बेदी सार्वजनिक और निजी क्षेत्र के उद्यमों का नियमित रूप से दौरा करती रहतीं।

सन 1985 में दिल्ली में कानून और व्यवस्था की स्थिति बहुत ही खराब हो गई थी और मीडिया लगातार इस स्थिति की आलोचना करती रहती थी। प्रधानमंत्री राजीव गांधी ने जब तत्कालीन पुलिस आयुक्त वेद मारवाह से पुलिस बल को पुनर्गठित करने को कहा तो

उन्होंने विशेष रूप से अनुरोध किया कि किरण बेदी को मुख्यालय भेजा जाए। जब किरण बेदी ने पुलिस उपायुक्त पद संभाला तो स्वयं को फाइलों के ढेर से घिरा पाया। उन्होंने हर फाइल का तुरंत निपटारा करके इस ढेर से जल्दी ही छुटकारा पा लिया। उनके सहयोगी कर्मचारियों के मनोबल का मुद्दा सामने मुंहबाए खड़ा था। उचित आवास की कमी और पदोन्नति की धीमी चाल के कारण उनका उत्साह मरता जा रहा था। उन्होंने तुरंत इस स्थिति पर काबू पा लिया। उन्होंने एक ही दिन में वर्षों से इंतजार कर रही 1,600 पदोन्नतियों की मंजूरी दे दी। ऐसा पहले कभी नहीं हुआ था।

उनकी अभिनव शैली और किसी भी दबाव के आगे न झुकने की प्रवृत्ति अकसर कष्टप्रद परिस्थितियां निर्मित कर देती थी। सन 1988 में वकीलों की हड़ताल उनके करियर का सबसे दुखद समय था।

सेंट स्टीफेंस कालेज की एक लड़की के पर्स से चोरी करते हुए एक आदमी रंगेहाथ पकड़ा गया। जब उसे हथकड़ियों से जकड़े हुए कोर्ट में पेश किया गया तो किसी ने पहचान लिया कि यह तो तीस हजारी कोर्ट में वकालत करनेवाला वकील राजेश अग्निहोत्री है। जब उसे हिरासत में लिया गया था उस समय उसने अपना कुछ और ही नाम बताया था। लेकिन दिल्ली के वकील यह कहकर हड़ताल पर चले गए कि उनके साथी को इसमें फंसाया गया है।

बात इतनी बढ़ गई कि वकील नारे लगाते हुए जुलूस के रूप में पुलिस उपायुक्त (उत्तर) के कार्यालय की ओर बढ़ने लगे। किरण बेदी उस समय वहां नहीं थीं। अतिरिक्त पुलिस उपायुक्त संधु तथा अन्य अधिकारी शांत ही रहे। मगर जब वकील मारपीट करने पर उतर आए तब कुछ सिपाहियों ने उनका सामना किया। बात हाथापाई तक जा पहुंची। वकीलों की हड़ताल जारी रही और वे किरण बेदी को निलंबित करने की मांग करने लगे। अब इसमें

राजनीति भी घुस आई। फलस्वरूप कानूनी लड़ाई शुरू हो गई। वाधवा जांच आयोग के गठन के बाद जाकर मामला ठंडा हुआ। आयोग ने अप्रैल 1990 में इससे संबंधित प्रत्येक व्यक्ति से पूछताछ की।

किरण बेदी को जिस भी पद पर नियुक्त किया गया वहां उन्होंने अपनी निजी शैली में ही काम किया। अप्रैल 1988 में उन्होंने नारकोटिक कंट्रोल ब्यूरो के उपनिदेशक का पदभार संभाला। जब वे पुलिस उपायुक्त पश्चिम के पद पर थीं तब उन्हें शराब के अवैध धंधे और अपराध के बीच के संबंध की जानकारी मिल गई थी। यहां नशीले पदार्थों से संबंधित अपराधों पर उनका ध्यान गया। किरण बेदी ने अपने पद के अधिकार का अधिक से अधिक प्रभाव से इस्तेमाल करते हुए उन अपराधियों से जिन्होंने तीन बार से अधिक शांति भंग की थी पूछा कि क्यों न तुम लोगों को शहरबदर कर दिया जाए। सख्ती बरतते हुए भी इस समस्या को हल करने के लिए मानवीय रुख अपनाते हुए उन्होंने अपराधी के परिवार को भी इसमें शामिल किया और उसे अपने अपराध का बोध कराने की कोशिश की। उन्होंने यह भी महसूस किया कि नशा करनेवालों को सहायता की आवश्यकता है। इसीलिए उन्होंने नवज्योति, दिल्ली पुलिस सुधार, नशामुक्ति और पुनर्वास न्यास की स्थापना की। लोगों को भी इससे जोड़ा गया और एक वर्ष के अंदर ही बनाए गए छह केंद्रों पर नशे के कई व्यसनियों का सफल इलाज किया गया। इसी दौरान वह अपनी डाक्टरेट की उपाधि के लिए 'परफार्मेंस अप्रेजल सिस्टम' (कार्य मूल्यांकन प्रणाली) पर शोध भी कर रही थीं। उन्होंने अपना विषय बदल लिया और 'ड्रग अब्यूज एंड डोमेस्टिक वायलेंस' पर काम करने लगीं, क्योंकि वह अपने पद के सिलसिले में ऐसे लोगों के निकट संपर्क में थीं।

किरण बेदी के अनुरोध पर उन्हें मई 1990 में डेप्यूटी इंस्पेक्टर-

जनरल (रेंज) (उप-महानिरीक्षक रेंज) के पद पर मिजोरम स्थानांतरित कर दिया गया। इस राज्य में नशाखोरी और शराब की लत को नियंत्रित करने में उनके योगदान की खूब सराहना हुई। अपनी बेटी को मेडिकल कालेज में भर्ती करवाने के लिए उन्हें बहुत भाग-दौड़ करनी पड़ी। आखिर 1992 में सुकृति को मिजोरम कोटे के तहत दिल्ली के लेडी हार्डिंग मेडिकल कालेज में एक सीट आवांटित की गई। लोगों ने इसे अनुचित कहा जबकि वह तीन कारणों से इसकी योग्य उम्मीदवार थी–पहला कारण यह था कि वह मिजोरम की निवासी थी और उसने वहीं से हायर सेकंडरी किया था; दूसरा कारण यह था कि वह केंद्रशासित केडर की एक अधिकारी की बेटी थी जो मिजोरम राज्य में नौकरी कर रही थीं; और तीसरा महत्त्वपूर्ण कारण था कि उसने बोर्ड की परीक्षा मैरिट से उत्तीर्ण की थी। लोगों ने इसके विरोध में आंदोलन कर दिया। अंत में किरण बेदी उस राज्य से वापस आ गईं। निस्संदेह इससे उन्हें ठेस पहुंची थी, क्योंकि जिन लोगों की उन्होंने दिलोजान से सेवा की थी वही लोग उनके विरुद्ध हो गए थे।

जेल महानिरीक्षक

किरण बेदी को मई 1993 में जेल महानिरीक्षक, तिहाड़ जेल के पद पर नियुक्त किया गया। इस पद को सम्मानजनक नहीं माना जाता था और किरण बेदी को वहां इसलिए नियुक्त करना पड़ा क्योंकि दिल्ली पुलिस के पास उनके लिए उस समय कोई खाली पद नहीं था। उन्होंने उसे दंडात्मक सुधार और अपराधों की रोकथाम के अपने काम को आगे बढ़ाने का अच्छा अवसर समझा।

जिस समय उन्होंने पदभार संभाला उस समय जेल के अंदर स्थिति

बहुत खराब थी। भ्रष्टाचार, नशीले पदार्थों का लेन-देन, महिला कैदियों का यौन शोषण और युवा और कमजोर कैदियों के साथ हिंसक व्यवहार—जैसे कि इस तरह के संस्थान में हो सकते हैं, बहुतायत में थे। कैदियों को नियंत्रित करने के तरीके असभ्य और अमानवीय थे। अंदर का वातावरण अस्वास्थ्यकर था और चिकित्सा सुविधाएं नाममात्र की थीं। सुधार-गृह के बजाय तिहाड़ जेल, अपराधियों को आपराधिक गैंगों में शामिल करने की जगह बन गई थी। ताकतवर कैदी जिनकी प्रभावशाली लोगों से सांठ-गांठ थी उनका वहां राज था और वे साधारण कैदियों को ही नहीं, कर्मचारियों तक को डराते-धमकाते रहते थे। वे जेल कर्मचारियों को वे सारी सुविधाएं जो वास्तव में सारे कैदियों को समान रूप से देने के लिए होती थीं, उन्हें दे देने को बाध्य करते थे। उदाहरण के तौर पर, जेल मेनुअल में लिखा था कि प्रत्येक कैदी को तीन कंबल दिए जाएं। लेकिन होता यह था कि थोड़े से पैसेवाले कैदी सारे कंबलों पर कब्जा कर लेते थे और गरीब और कमजोर कैदी ठंड में ठिठुरते रहते थे।

किरण बेदी को न केवल कैदियों से, बल्कि कर्मचारियों से भी निपटना पड़ता था, जिनमें से अधिकतर अप्रशिक्षित थे।

जेल में केवल 2,500 लोगों की ही जगह थी लेकिन उसमें 8,500 लोगों को ठूंस दिया गया था। ऐसा इसलिए था क्योंकि नारकोटिक ड्रग्स और साइकोट्रोपिक पदार्थ कानून एवं दहेज कानून संबंधी अपराध गैर जमानती होते थे। चूंकि न्याय प्रणाली इतनी धीमी थी कि विचाराधीन कैदियों को मुकदमे की सुनवाई शुरू होने तक पांच-पांच साल तक जेल में काटने पड़ते थे। उनमें बहुत-से तो छोटे-मोटे अपराध करनेवाले होते थे; कुछ को तो झूठमूठ फंसाया गया होता था। सबसे खराब बात तो यह थी कि जेल कर्मचारियों में काम करने का उत्साह ही नहीं था। कैदियों को खराब खाना मिलता था। उनके

स्वास्थ्य की चिंता किसी को नहीं थी। यहां तक कि साफ पानी जैसी मूलभूत सुविधा से भी उन्हें वंचित रखा गया था। निस्संदेह, कोई भी कैदी जब तिहाड़ में लाया जाता था तो उसे यही महसूस होता था कि धरती के नरक कुंड में पटक दिया गया है।

किरण बेदी ने जानवरों के बाड़े जैसी बन गई तिहाड़ जेल को साफ-सुथरा बनाने का काम चुनौती के रूप में स्वीकार किया। उन्होंने कहा, "मैं छह महीनों के अंदर इस जेल को आश्रम बना दूंगी।"

दिन हो या रात, वह जेल का निरीक्षण करने आएदिन राउंड लगाने लगीं। वह कैदियों की समस्याओं को ध्यान से सुनतीं और अपने साथी कर्मचारियों से इसके बारे में चर्चा करतीं। फिर स्थिति को सुधारा कैसे जाए यह जानने के लिए जेल प्रशासन प्रणाली का ध्यानपूर्वक अध्ययन करतीं। जेल में नशीले पदार्थों की आपूर्ति को रोकने, कैदियों का मनोबल बढ़ाने और उनके लिए उचित गतिविधियों का आयोजन करने की जरूरत थी ताकि जेल में बिताए उनके समय का सदुपयोग हो सके। कर्मचारियों को भी अपने कर्तव्य का निष्ठापूर्वक पालन करने के लिए प्रोत्साहित करना था। कैदियों के साथ दुर्व्यवहार करने पर उनके साथ सख्ती बरतने की जरूरत है।

पुनर्वास के उपाय

कर्मचारियों, नशीले पदार्थ बेचनेवालों और नशाखोरों के बीच जो सांठ-गांठ थी वह चिंता का अत्यंत महत्त्वपूर्ण कारण था, क्योंकि नशे संबंधित अपराधों के गंभीर कारण थे। नारकोटिक्स के किरण बेदी के पिछले अनुभव उन्हें यहां बहुत काम आए। उन्होंने चार नंबर जेल वार्ड को नशामुक्ति केंद्र बना दिया तथा जेल के जो भी कर्मचारी नशीले पदार्थों की आपूर्ति करते थे उनके साथ सख्ती बरती गई, उन्हें

कैद तक कर लिया गया था। जो नशाखोर थे उन्हें बाध्य किया गया कि वे स्वेच्छा से अपना इलाज करा लें। ऐसे केंद्रो की संख्या बढ़ती गई और कई गैरसरकारी संस्थाएं चिकित्सा और परामर्श सेवाएं देने को आगे आईं। शीघ्र ही कई कैदी नशामुक्त होने के लिए आगे आए। इलाज के लिए होम्योपैथिक चिकित्सा का प्रयोग किया गया क्योंकि पहले भी इसे लाभदायक पाया था। इसके बाद उन्होंने धूम्रपान की समस्या पर ध्यान दिया जिसके कारण स्वास्थ्य संबंधी गंभीर समस्याएं उत्पन्न हो जाती थीं। कम आयुवाले कैदियों की विशेष चिंता थी। जब उन्होंने वहां धूम्रपान निषेध कर दिया तो कैदियों और कर्मचारियों दोनों ने इसका घोर विरोध किया। किरण बेदी ने उन्हें समझाने की कोशिश की कि वह उन्हें फेफड़ों के रोगों से छुटकारा दिलाना चाहती हैं और अगर वे इस आदत को छोड़ेंगे नहीं तो दवाइयां खाते रहने से कोई लाभ नहीं होगा। उन्होंने उन लोगों को दूध, फल और दवाइयां उपलब्ध कराईं मगर विरोध बढ़ता ही गया। यहां तक कि उनकी एक कार्य-मूल्यांकन मीटिंग में उनके सुधारों की प्रशंसा के रूप में कैदियों ने ताली भी नहीं बजाई, जबकि आमतौर पर वे ताली बजाते थे। मगर किरण बेदी अपनी बात पर अटल रहीं और धीरे-धीरे कैदियों को भी बात समझ में आने लगी। यहां तक कि उन्हें क्षमा कर देने के लिए उन्होंने किरण बेदी को एक पत्र भी लिख भेजा।

किरण बेदी ने महसूस किया कि कैद कर लेने का अर्थ यह नहीं है कि उनके साथ अमानवीय व्यवहार किया जाए। सभी महत्त्वपूर्ण उत्सव मनाए जाने लगे जिसका आरंभ रक्षाबंधन से हुआ। यह उन लोगों के लिए जो अपने परिवारों से बिछड़ गए थे, एक भावनात्मक विषय था। कैदियों ने इसमें बड़े उत्साह से भाग लिया। कवि-सम्मेलन, मुशायरा, खेलकूद, यानी सभी तरह के सांस्कृतिक कार्यक्रमों ने कैदियों की नीरस जिंदगी में रंग भर दिए थे।

शिकायत पेटी योजना शुरू की गई ताकि यह पता चले कि कैदियों की क्या आवश्यकताएं हैं और वे क्या चाहते हैं। पहलेवाली सुझाव पेटियां बेकार साबित हुईं क्योंकि जेल कर्मचारी शिकायत पत्रों को फाड़कर फेंक देते थे। अब शिकायतकर्ता को रसीद मिल जाती थी कि उसकी शिकायत दर्ज कर ली गई है और उस पर गंभीरता से विचार किया जा रहा है। सुझाव मांगने और उन पर अमल करने के लिए पंचायतें बनाई गईं।

कैदियों को शिक्षित करने का महत्त्वपूर्ण काम भी शुरू किया गया। उद्देश्य यही था कि जब कैदी यहां से छूटे तब वह साक्षर या पहले से बेहतर शिक्षित होना चाहिए। अब कैदियों के पास करने के लिए एक सार्थक काम था। कम आयुवाले कैदी जो यहां से पक्के अपराधी बनकर निकलते थे उनके सामने अब करियर के विभिन्न विकल्प थे जो उन्हें किसी भी मुसीबत में पड़ने ही नहीं देंगे। इन्दिरा गांधी राष्ट्रीय मुक्त विश्वविद्यालय ने तिहाड़ में कैदियों और कर्मचारियों के लिए अपना एक केंद्र खोल लिया और वहीं परीक्षाएं संचालित करने लगे। यहां व्यावसायिक प्रशिक्षण भी दिया जाने लगा। योग के लाभकारी प्रभाव की जानकारी होने के कारण किरण बेदी ने योग की कक्षाएं भी शुरू कर दीं और उन्हें इसकी उत्साहपूर्ण प्रतिक्रिया मिली। योग तथा बाद में शुरू की गई विपश्यना कक्षाओं का कैदियों पर चमत्कारी प्रभाव पड़ा। कई मामलों में उनका क्रोध, भय, तनाव, नफरत और चिंता समाप्त हो गई और उनकी एकाग्रता बढ़ गई। उनके आपसी और कर्मचारियों के साथ मेलजोल में भारी परिवर्तन दिखाई दिया। ऊंची पहुंचवाले कैदियों को भी इसका पालन करने को बाध्य किया गया। यहां तक कि कुख्यात अपराधी, चार्ल्स सोभराज तक को भी यह कहना पड़ा कि "यहां कैदियों के लिए जो कुछ भी किया जा रहा है उससे कैदियों का आत्मसम्मान धीरे-धीरे वापस आ रहा है।"

किरण बेदी के मानवीय व्यवहार से कैदियों और जेल कर्मचारियों के बीच के संबंधों में भारी परिवर्तन दिखाई दिया। आपसी लड़ाई-झगड़े और उत्पात में कमी आई। अब उनमें आपसी बैर के बजाय आपसी समझ की झलक दिखाई देने लगी।

किरण बेदी ने जेल कर्मचारियों को भी अपने कर्तव्य का पालन करना सिखाने और उनमें सुधार लाने का प्रयत्न किया। उससे पूर्व कैदियों के साथ कैसा व्यवहार करना चाहिए इसका उन्हें प्रशिक्षण ही नहीं दिया गया था, यहां तक कि उन्हें नियमों की जानकारी भी नहीं थी। एक भागीदारी प्रबंधन प्रणाली तैयार की गई जिसमें कैदियों से सहयोग लिया गया। तरह-तरह की चीजों का उत्पादन करने के लिए कारपेंटरी, विविंग और केमिकल विभाग बनाए गए, एक बेकरी भी स्थापित की गई। इन उत्पादों को बेचा गया और इससे जो आमदनी हुई उसे बंदी कल्याण कोष में जमा कर दिया गया। रसोईघर को ठीक किया गया ताकि उन्हें स्वच्छ और संपूर्ण आहार की आपूर्ति की जा सके। महिला कैदियों के बच्चों को, जो दयनीय स्थितियों में बड़े हो रहे थे, नियमित रूप से बाहर घूमने के लिए ले जाया जाने लगा। जो अपने बचाव में वकील नहीं कर सकते थे उनके लिए एक कानूनी सहायता सेल बनाया गया।

इस प्रकार जेल की स्थिति समझने की कोशिश करने और मानवीय उपाय करते रहने से किरण बेदी तिहाड़ जेलवासियों के जीवन में असाधारण परिवर्तन ला सकीं।

प्रशंसा की हकदार

ये सुधार अधिक दिनों तक छिपे नहीं रह सके तथा किरण बेदी को 1994 में प्रतिष्ठित रेमन मेगसायसाय पुरस्कार से सम्मानित किया

गया। अमरीका की सीनेट की कंग्रेशन कमिटी ने अपने नेशनल प्रेयर ब्रेकफास्ट पर उन्हें अतिथि के रूप में भी आमंत्रित किया। गृह मंत्रालय ने पहली बार तो अनुमति नहीं दी, लेकिन जब उन्हें फिर से निमंत्रण दिया गया तो उसने 1995 में उन्हें जाने की अनुमति दे दी।

दुर्भाग्यवश, उन पर विदेश यात्राओं पर जाने के लिए छल-कपट का सहारा लेने तथा कैदियों से प्रशंसा पाने के लिए 'लोकप्रिय' उपाय अपनाने का आरोप लगाया गया। जब किरण बेदी ने प्रेस को सफाई दी तो कहा गया कि सिविल सर्विस अधिकारियों के लिए बनी आचार संहिता का पालन नहीं किया है। एक बार फिर से उन्हें उस पद से हटा दिया गया जिस पर रहते उन्होंने सुधारवादी उपाय अपनाते हुए महत्त्वपूर्ण सुधार किए थे। यह बात राजनीतिज्ञों और उनके साथी अधिकारियों को हजम नहीं हो रही थी।

जो अन्य प्रतिष्ठित पुरस्कार उन्हें मिले, वे थे—होलिस्टिक एंड इनोवेटिव मैनेजमेंट के लिए जर्मनी का जोसेफ बोएस फांउडेशन अवार्ड; ऐसी कार्रवाइयां करने के लिए जिससे भारत में न्याय की गुणवत्ता में महत्त्वपूर्ण सुधार हुआ, अमरीका का मोरिसन टाम गिट्शोफ पुरस्कार; मानक कल्याण के प्रति प्रतिबद्धता के लिए अमरीका का प्राइड आफ इंडिया (भारत का गौरव) पुरस्कार, इटली का 2002 का वुमन आफ द इयर पुरस्कार; मानवजाति की सेवा की प्रशंसास्वरूप 2004 में बोस्टन में सहेली पुरस्कार, इसके साथ ही उन्हें संयुक्त .राष्ट्र मेडल से भी सम्मानित किया गया। उन्हें 2005 में सामाजिक न्याय के लिए मदर टेरेसा पुरस्कार भी मिला।

जिन अन्य प्रतिष्ठित पदों पर वह रहीं, वे थे—दिल्ली पुलिस की संयुक्त पुलिस आयुक्त और दिल्ली पुलिस की विशिष्ट आयुक्त इंटेलिजेंस, जिसके बाद उन्हें संयुक्त राष्ट्र भेज दिया गया। वह यहां

नियुक्त होनेवाली पहली महिला और पहली भारतीय थीं। किरण बेदी ने संयुक्त राष्ट्र में 2005 में डिपार्टमेंट आफ पीसकीपिंग ऑपरेशन के साथ नागरिक पुलिस सलाहकार के रूप में कार्य किया। संयुक्त राष्ट्र से वापस आने के बाद, किरण बेदी महानिदेशक, होम गार्ड के रूप में कार्यरत रहीं।

किरण बेदी विभिन्न राष्ट्रीय समाचारपत्रों में नियमित रूप से कालम लिखती रही हैं। इसके अतिरिक्त उन्होंने विश्व की सबसे बड़ी जेल की कायापलट कर देने पर 'इट्स आलवेंज पासिबल' और जीवन की सच्ची कहानियों के संग्रह 'व्हाट वेंट रांग' पुस्तकें भी लिखी हैं।

इस प्रकार वह एक के बाद एक बाधाएं पार करती जा रही हैं। प्रथम महिला आइ.पी.एस. अधिकारी होने के कारण यह किरण बेदी पर निर्भर था कि वह दिखा दें कि पारंपरिक रूप से केवल पुरुषों का माने जानेवाले क्षेत्र में एक महिला क्या कर सकती है। उन्होंने यह साबित कर दिखाया और उन महिलाओं के लिए मार्ग प्रशस्त कर दिया जिन्होंने अपने पुरुष सहयोगियों से सम्मान पाने के लिए उनके दिखाए मार्ग का अनुसरण किया। हालांकि उन पर ये आरोप लगाए जाने के बावजूद कि वह प्रचार की भूखी हैं, सुर्खियों में बने रहे के लिए वह अपनी हद भी पार कर जाती हैं, सच यही है कि उन्होंने दिखा दिया कि अपराध नियंत्रण एवं कानून और व्यवस्था बनाए रखने की पुरानी पेचीली समस्या के समाधान के प्रति यदि रचनात्मक रुख अपनाया जाए, तो बहुत कुछ हासिल किया जा सकता है।

उनके इस सेवा में आने के बाद से आइ.पी.एस को अपना विकल्प चुननेवाली लड़कियों की संख्या में भारी बढ़ोतरी हुई है। किरण बेदी जैसी पुरोगामी के लिए इससे बड़ा सम्मान और क्या हो सकता है।

"इस पुरस्कार ने मुझे अपने कार्य को समेकित और विस्तरित करने को प्रेरित किया। इसके लिए मैंने इंडिया विजन नाम से एक ट्रस्ट पंजीकृत कराया है और आजकल मैं इसी काम में जोरशोर से लगी हुई हूं। यह जेल सुधार, ड्रग एब्यूज निषेध, महिला सशक्तिकरण, मानसिक विकलांगता और खेलों को प्रोत्साहन देने आदि क्षेत्रों की परियोजनाओं को आगे बढ़ाने का काम करेगा। आशा है आप इन परियोजनाओं को भरपूर सहयोग देंगे।

पुलिस–जेल के लोगों और भारत के अपने परिवार से बनी अपनी इस टीम की ओर से फाउंडेशन और फीलीपन के लोगों के प्रति संपूर्ण कृतज्ञता के साथ मैं यह पुरस्कार स्वीकार करती हूं।"

किरण बेदी

राजेंद्र सिंह

दीपावलीं देबराय

"राजस्थान के अलवर जिले के ग्रामीणों ने साबित कर दिया कि सरकार गलत है। सरकार ने जिस क्षेत्र को किसी समय बंजर घोषित कर दिया था कि यहां पर किसी प्रकार का विकास कार्य नहीं हो सकता, वहां जल संसाधनों को फिर से शुरू किया गया और वहां भू-जल स्तर में बढ़ोतरी हुई। यह सारा कार्य सरकार ने नहीं किया था। इसके बावजूद भी...कुछ लोग अब भी यही मानते होंगे कि गांव के लोगों में दूरदृष्टि नहीं हो सकती...देशी संसाधनों ने निस्संदेह रूप से साबित कर दिया है कि भू-जल और नदियों को फिर से जीवनदान देने में पारंपरिक ज्ञान की भूमिका महत्त्वपूर्ण है।"

राजेंद्र सिंह

राजेंद्र सिंह

अज्ञात गंतव्य

सांझ के झुटपुटे में राजस्थान की देहाती ऊबड़खाबड़ सड़कों पर हिचकोले खाती बस की खिड़की से तेइस वर्षीय दाढ़ीवाले एक युवक ने बाहर झांककर देखा।

उस युवक राजेंद्र सिंह के चार साथी भी बस में थे। नरेंद्र, सतेंद्र, केदार और दृिगपाल। उनका मिशन था गांवों में एक स्कूल की स्थापना और प्राथमिक उपचार सुविधा प्रदान करना। उन्हें जयपुर से रवाना हुए पांच घंटे होने आए थे। ये लोग बिना किसी पूछताछ के कि बस कहां जाएगी, इसमें सवार हो गए थे। उन्होंने 'अंतिम बस स्टाप' का टिकट ले लिया था। सड़क के दोनों ओर जहां तक नजर जाती थी वहां तक निर्जन और बंजर भूमि ही दिखाई देती थी।

बस के कंडक्टर ने युवकों को आवाज दी, "नीचे उतरो, आखिरी स्टाप आ गया है।" यह अलवर जिले की थानागाजी तहसील का गांव किशोरी था। सरिस्का राष्ट्रीय वन्य जीव उद्यान करीब ही था।

बस से उतर रहे युवकों को देखकर गांववाले सोच में पड़ गए कि 'ये लोग सैलानी हैं या फिर बच्चे उठा ले जानेवाले?'

गांव के एक बुजुर्ग ने उन्हें डांटा, "मूर्खों, आतंकवादी यहां क्यों आएंगे? और अगर हैं भी तो अपने साथ बोरिया-बिस्तर लेकर क्यों आएंगे? ये खतरनाक लोग नहीं लगते।"

इन युवकों की अच्छी तरह से तलाशी लेने के बाद इन्हें गांव के हनुमान मंदिर की कोठरी में ठहरा दिया गया। ये लोग फर्श पर चादरें बिछाकर लेट गए। राजेंद्र सिंह और उनके मित्रों ने 2 अक्टूबर, 1985 की वह रात यहीं बिताई।

युवावस्था

राजेंद्र सिंह का जन्म अगस्त, 1956 को मेरठ के बागपत जिले के एक गांव दोला में हुआ था। उनके पिता सुखबीर सिंह सिसोदिया राजपूत थे और मेरठ में कृषि भूमि के स्वामी थे। उनकी माता का नाम तुलसी देवी था। राजेंद्र सिंह के चार भाई थे, रामेंद्र, देवेंद्र, चमन और अमन। दो बहनें भी थीं, राजकुमारी और राजेश। राजेंद्र ने दोला के आदर्श उच्चतर माध्यमिक विद्यालय में 10वीं कक्षा तक पढ़ाई की। खेकड़ा इंटर कालेज से उन्होंने हायर सेकंडरी किया। पढ़ाई में राजेंद्र सिंह की 8वीं कक्षा तक ही दिलचस्पी रही। इसके बाद उन्होंने खेलकूद; समाज सेवा और बड़ी उम्र के लोगों से चर्चा करने में अधिक दिलचस्पी लेना शुरू कर दिया। इससे उनकी पढ़ाई में व्यवधान आने लगा।

उनके स्कूल में प्रताप सिंह सिसोदिया नाम के एक शिक्षक थे। वह किसी भी तरह का बुरा काम होते देखते, तो उसका विरोध करते थे। राजेंद्र सिंह में उन शिक्षक के तमाम गुण आते जा रहे थे। प्रताप सिंह सिसोदिया राजेंद्र सिंह से बड़ा स्नेह रखते थे। उन्होंने इन्हें 9वीं और 10वीं कक्षाओं में पढ़ाया था।

राजेंद्र सिंह जब हायर सेकंडरी में थे तब गांधी शांति प्रतिष्ठान का एक कार्यकर्ता रमेश लगभग तीन वर्षों तक उनके घर आकर रहा। रमेश गांववालों को स्वच्छता और आपसी झगड़ों को शांतिपूर्ण तरीके से सुलझाने के बारे में शिक्षित करने का प्रयास कर रहा था। उसने गांव में एक वाचनालय भी खोला, जहां विभिन्न मुद्दों पर बहस और चर्चाएं की जाती थीं। गांव में शांतिपूर्वक सकारात्मक परिवर्तन लाने के उसके प्रयासों ने राजेंद्र सिंह पर गहरा प्रभाव डाला।

सत्तर के दशक के मध्य में जब राजेंद्र सिंह किशोरावस्था में ही थे, तभी जयप्रकाश नारायण के आदर्शों के प्रति उनका रुझान होने लगा। महात्मा गांधी और आचार्य विनोबा भावे की प्रेरणा से जयप्रकाश नारायण ने संपूर्ण क्रांति का उद्घोष किया था। उनका मानना था कि भारत का भविष्य शहरों और कल-कारखानों को बनाने में नहीं, बल्कि किसानों और गांव के लोगों की स्थिति सुधारने और निस्वार्थ भाव से उनकी सेवा करने में ही है। इन आदर्शों से प्रेरित होकर राजेंद्र सिंह 'छात्र युवा संघर्ष वाहिनी' नामक एक युवा संगठन से जुड़ गए।

राजेंद्र सिंह ने 1980 में मेरठ के बड़ौत में स्थित भारतीय आयुर्वेदिक ऋषिकुल महाविद्यालय से बी.ए. किया। उन्होंने 1982 में पत्राचार पाठ्यक्रम द्वारा इलाहाबाद विश्वविद्यालय से हिन्दी में एम.ए. किया। वह 1980 में भारत सरकार के युवाकार्य मंत्रालय के शिक्षा विभाग में नियुक्त हो गए। सन 1982 में वह परियोजना अधिकारी बने। उन्होंने जयपुर और दौसा (उस समय जयपुर की एक तहसील) में कार्य किया और नेहरू युवक केंद्र तथा तरुण भारत संघ जैसे संगठनों से भी जुड़ गए।

इस बीच, 29 नवंबर, 1981 को उत्तर प्रदेश के बुलंदशहर की मीना चौहान से उनका विवाह हो गया। तीन वर्षों के बाद दंपत्ति के यहां उनके प्रथम पुत्र मौलिक का जन्म हुआ। किंतु न तो परिवार

और न ही उनकी नौकरी उन्हें संतोषप्रद दिनचर्या व्यतीत करने में बांध सकी। उनके मन में निरंतर हलचल मची रहती। उनकी इसी बेचैनी ने उन्हें कभी संपूर्ण क्रांति के आह्वान की ओर आकर्षित किया था। जिसे वह वास्तविक भारत—यानी ग्रामीण भारत कहते थे, वे उसके लिए कार्य करना चाहते थे, न कि मात्र कुछ सरकारी फाइलों और औपचारिकताओं से निपटना।

इसलिए उन्होंने अपनी आरामदायक सरकारी नौकरी से त्याग-पत्र दे दिया। उन्होंने कहा, "अपनी पहली नियुक्ति पर राजस्थान आने से पूर्व ही मैं जानता था कि मैं सरकारी नौकरी अधिक दिन तक नहीं कर पाऊंगा। मैं केवल समाज सेवा ही करना चाहता था...सरकारी नौकरी तो मैंने केवल अपने पिता को संतुष्ट करने के लिए की थी।"

एक बार जब उनकी पत्नी मायके गई हुई थी तो उन्होंने टेलीविजन सेट और अपने जयपुर के घर का सारा फर्नीचर सिर्फ 23,000 रुपये में बेच दिया। इस रकम से उन्होंने कुछ बरतन, ओढ़ने-बिछाने का सामान और एक-दो जोड़े कपड़े लेकर जयपुर शहर छोड़ दिया।

वह जानते थे कि उनकी पत्नी, माता-पिता और ससुरालवाले इस बात से नाराज होंगे। जब राजेंद्र ने उन लोगों को बताया था कि वह नौकरी छोड़कर गांववालों के बीच रहकर काम करना चाहते हैं, तो उन्होंने राजेंद्र को 'नालायक' करार दिया था। यह बात भी वह अच्छी तरह जानते थे कि उनकी पत्नी और उनका परिवार भूखा नहीं मरेगा और जरूरत पड़ने पर उनकी भी सहायता करेगा।

गंतव्य

इस तरह राजेंद्र सिंह अपने चार मित्रों के साथ थानागाजी तहसील आ पहुंचे। गांव के लोगों को उन पर शक था। वे उनसे तरह-तरह

के प्रश्न पूछने लगे। इस बात के लिए उन्हें दोष भी नहीं दिया जा सकता था, क्योंकि गांव के लोग उन दिनों संकट की स्थिति से गुजर रहे थे। अलवर जिले का अधिकांश हिस्सा 'डार्क जोन' (सूखाग्रस्त) घोषित कर दिया गया था। इसका अर्थ यह था कि वहां भू-जल बहुत ही कम रह गया था। नदियां और तालाब सूख गए थे, गांवों के अधिकतर लोग काम की तलाश में शहरों की ओर पलायन कर गए थे। गांवों में जीवन जैसे थम-सा गया था।

राजेंद्र सिंह गांव में आयुर्वेदिक पद्धति से इलाज करने लगे। उनके साथी गांववालों से घुलमिलकर स्वयं सहायता और शिक्षा के फायदों के बारे में उन्हें समझाने लगे। अपनी बेटियों को स्कूल भेजने के लिए उन्हें राजी करने की भी कोशिश करने लगे।

गोपालपुरा का मंगू पटेल एक समृद्ध किसान था। उसके पास 200 बीघा जमीन थी। राजेंद्र सिंह ने देखा कि गांव की चौपाल पर मंगू पटेल अकसर निम्न जाति के लोगों से खुले दिल से मित्रतापूर्वक बातचीत किया करता है। राजेंद्र सिंह ने महसूस किया कि एक-दूसरे से झगड़ने के बजाय ग्रामीण भारत की विभिन्न जातियों और वर्गों को जोड़ने का यह अच्छा तरीका है।

राजेंद्र सिंह को यह देखकर आश्चर्य भी हुआ और खुशी भी कि भिन्न-भिन्न सामाजिक एवं आर्थिक वर्गों के होने के बावजूद भी गांववालों में एक सहज आपसी जुड़ाव है। यही सहज जुड़ाव भविष्य में राजेंद्र सिंह के कार्य का एक मजबूत आधार बना। उन्हें महसूस हुआ कि गांववालों की समस्याएं एक जैसी हैं और वे लोग आपस में लड़े-झगड़े बिना, एकजुट होकर उनका सामना करते हैं।

"हमारे गांवों में," उन्होंने कहा, "जात-पात के झगड़ों की नहीं, बल्कि उनके आपसी रिश्तों को मजबूत करने की जरूरत है जो पारंपरिक रूप से आपस में जुड़ें विभिन्न जाति समूहों को एक-दूसरे

पर निर्भर ग्रामीण समुदाय बनाते हैं।" साथ ही उन्हें यह भी महसूस हुआ कि पाश्चात्य शिक्षा पाए लोग यह जानते ही नहीं हैं कि गांवों के लिए क्या उपयुक्त है और क्या नहीं।

"विकास कार्यों की प्राथमिकताएं गांववालों को तय करनी चाहिएं," मंगू पटेल ने सीख दी। "उन्हें गांववालों से सुझाव मांगने चाहिए, क्योंकि उनमें प्राचीन पारंपरिक ज्ञान अब तक बचा हुआ है।"

आयुर्वेदिक इलाज करते समय राजेंद्र सिंह रोगियों से गांववालों की समस्याओं के बारे में भी चर्चा करते थे। उन्हें पता चला कि पानी की कमी के कारण गांववालों का जीना दूभर हो गया है। किसी समय इस क्षेत्र में अनाज मंडी भी तो हुआ करती थी? इसका अर्थ था कि यहां खेती-बाड़ी होती थी और इसके लिए पर्याप्त जल भी था। तो फिर वह सारा पानी चला कहां गया?

विगत में थार रेगिस्तान को इस क्षेत्र तक बढ़ने से बचाने के लिए अरावली पर्वत श्रेणियां सुरक्षा कवच का काम करती थीं। अब तक अरावली पर्वतों के जंगल लगभग समाप्त हो गए थे। एक स्थानीय राजकुमार ने आजादी के बाद अपनी सत्ता छिन जाने के डर से वृक्षों को इमारती लकड़ी के रूप में बेच दिया था। जब यह सुरक्षा कवच पर्वतों से हट गया तो वर्षा जल रोकने के लिए कुछ भी नहीं था, सारा वर्षा जल नीचे बह जाता था और किसानों के लिए जरा भी पानी नहीं रहता था। चारों ओर पानी ही पानी होने के बावजूद पानी की एक बूंद तक यहां ठहरती नहीं थी। रही सही कसर 1980 के दशक के पूर्वार्ध में पड़े भयंकर अकाल ने पूरी कर दी। गांव के युवक खेती-बाड़ी से मुंह मोड़ने लगे। उनमें से काफी लोग गांव छोड़कर चले गए। जो लोग नहीं गए वे कृषि के बजाय पशु-पालन का काम करने लगे। परंतु जमीन इतनी सूखी और बंजर हो गई थी कि मवेशियों को भरपेट चारा भी नहीं मिल पाता था जिसके कारण वे बहुत कम दूध

देते थे। इस प्रकार दूध पर आधारित डेरी फार्मिंग जैसा कामकाज भी धीरे-धीरे कम होने लगा।

राजेंद्र सिंह ने इस समस्या के बारे में आवाज उठाई। एक दिन मंगू पटेल ने कहा, "तुम लिखने-पढ़नेवाले जवान कोई काम तो करते नहीं सिर्फ बातें ही बनाते रहते हो और चाहते हो कि इसी से तुम्हारी दाल-रोटी का बंदोबस्त हो जाए।"

राजेंद्र सिंह ने उनके कहने का अर्थ समझते हुए नम्रतापूर्वक पूछा, "तब आप ही हमें बताएं कि हमें क्या करना चाहिए?"

"जो काम मैं तुम्हें बताऊंगा वह तुम करोगे?" मंगू पटेल ने चुनौती दी, "ठीक है, तुम फावड़ा और गैंती लेकर कल सुबह यहां आ जाना।"

इसी बीच राजेंद्र सिंह के दो साथियों ने वापस घर जाने का मन बना लिया। अगले दिन सुबह, राजेंद्र सिंह ने मंगू पटेल के मार्गदर्शन में गांव के तालाब में खुदाई शुरू कर दी। तालाब सूख गया था और उसमें गाद जमा हो गया था। मंगू पटेल को अब भी याद था कि पहले जब भी वर्षा होती थी तो वर्षा का जल बहकर तालाब में एकत्र हो जाता था।

गांववालों में से कोई उनकी मदद करने नहीं आया। लेकिन ये तीनों पूरे सात महीनों तक खुदाई करते ही रहे! गांव के लोग इन नवयुवकों को निस्वार्थ और निष्ठा भाव से काम करते देखते रहे। अब कुछ लोग आगे आकर इनके साथ काम करने लगे।

गाद साफ होने से गहरे हुए तालाब को 1986 की वर्षा ने जल से भर दिया। पास ही के सूखे पड़े कुएं में भी पानी आ गया। फावड़े और गैंती ने चमत्कार कर ही दिया।

मंगू पटेल के मार्गदर्शन में राजेंद्र सिंह ने जहां खुदाई करके गाद साफ की थी उसे स्थानीय लोग जोहड़ कहते थे। यह वर्षा जल को बह जाने से रोकने का काम करता था।

तकनीकी भाषा में जोहड़ तीनों ओर से प्राकृतिक रूप से बनीं पहाड़ियों से घिरा एक कुंड होता है जो वर्षा जल को बहने से रोककर संग्रहित करता है। चौथी ओर कृत्रिम बांध बना दिया जाता है। जोहड़ में वर्षा ऋतु समाप्त होने के काफी बाद तक पानी संग्रहित रहता है और जमीन के अंदर रिसता रहता है जिससे आसपास के कुएं-तालाबों में पानी भरने लगता है। यह तो ऐसा ही हुआ जैसे जल ही जल की खेती कर रहा हो। इसी को 'जल-संवर्धन' कहते हैं। कभी-कभी जोहड़ को सारी जल-संवर्धन प्रणालियों के काम में लाया जाता है।

वर्षों से उपेक्षित पड़े जोहड़ का जब राजेंद्र सिंह ने जीर्णोद्धार कर दिखाया तो गांव के लोग खुशी से नाचने लगे। राजेंद्र सिंह ने कहा, "मैंने तो बुजुर्गों को उन भूली-बिसरी पारंपरिक बातों को याद दिलाने की कोशिश भर की है।" गांव के लोग अब राजेंद्र सिंह से ऐसी कई परियोजनाओं पर काम करने का अनुरोध करने लगे। इस प्रकार इस परियोजना ने न केवल भूमि में जीवन का संचार किया बल्कि लोगों में भी उत्साह जगाया।

अगला चरण

एक दिन मंगू पटेल ने कह ही दिया, "अपनी बात सिद्ध करने के लिए तुम्हें अब और शारीरिक श्रम करने की जरूरत नहीं है।" उसने यह भी कहा कि गांव के लोग अब अपना काम खुद ही कर लेंगे। गांववालों को अब एक दूसरी ही समस्या के लिए उनके मार्गदर्शन की जरूरत थी। पिछले कई सालों से गांव के युवक नौकरी की तलाश में शहरों की ओर पलायन कर रहे थे। गांव के लोग इसे रोकना चाहते थे। मंगू पटेल चाहता था कि राजेंद्र सिंह गांव के

युवकों को गांव में रोके रखने के लिए कोई उपाय करे।

राजेंद्र सिंह ने महसूस किया कि इसके लिए सबके संगठित प्रयास की जरूरत है। इस काम के लिए उन्होंने तरुण भारत संघ को इस क्षेत्र में सक्रिय कर उसे एक नई दिशा प्रदान की। इससे पहले तरुण भारत संघ की इकाइयां राजस्थान के कुछ शहरी इलाकों में ही सक्रिय थीं। राजेंद्र सिंह ने सितंबर 1986 में वर्षा ऋतु के बाद इस क्षेत्र में तालाबों की खुदाई और छोटे-छोटे बांध बनाने शुरू कर दिए। क्षेत्र के खंड विकास अधिकारी एवं कनिष्ठ सिंचाई इंजीनियरों ने कहा कि सरकारी खर्च पर वे कुछ भी करने में असमर्थ हैं। इस पर गांव के लोग श्रमदान करने आगे आ गए।

खुदाई और निर्माण कार्यों में गांववालों ने बढ़चढ़कर हाथ बंटाया। जो युवक गांव छोड़कर शहरों में चले गए थे वे भी सहयोग करने लौट आए। अब पानी लाने के लिए स्त्रियों को दूर तक नहीं जाना पड़ता था। अतः वे भी जल-संवर्धन की इस मुहिम में उत्साहपूर्वक शामिल हो गईं।

इसका परिणाम भी जल्द ही सामने आ गया। खुदाई करके गाद साफ किए गए तालाबों में पानी भर गया। सूखी बंजर भूमि ऊपजाऊ और हरीभरी हो गई।

अन्य गांवों के लोगों ने भी जब इस चमत्कार के बारे में सुना, तो वे भी देखने चले आए। सब लोगों ने एकजुट होकर यहां और इसके आसपास के इलाकों में करीब 4,500 झीलों का निर्माण किया।

तरुण भारत संघ को लोगों का विश्वास प्राप्त था। उसे चर्च के आधारवाले एक अंतर्राष्ट्रीय सहायता संगठन से 40 टन गेंहू की सहायता भी मिल गई थी। इस कारण 'काम के बदले अनाज' योजना सफल हो पाई।

अब राजेंद्र सिंह अपनी पत्नी को भी अपने कार्यक्षेत्र में ले आए।

उनकी पत्नी अब समझ पाईं कि उनके पति क्या काम कर रहे हैं।

उनके यहां 24 मार्च, 1986 को उनकी पुत्री रेणु का जन्म हुआ। अपने परिवार के साथ रहने से वह प्रसन्नतापूर्वक अपना कार्य करते रहे। राजेंद्र सिंह ने 30 जनवरी से 12 फरवरी, 1987 के बीच एक पदयात्रा आयोजित की। यह यात्रा कई गांवों से होकर गुजरी और इसमें जल-संवर्धन के संदेश के साथ ही मदिरापान और स्त्रियों की शिक्षा जैसी समस्याओं के बारे में भी चर्चा की गई।

अब तरुण भारत संघ ने यह नीति अपनाई कि वह केवल उन्हीं गांवों में जोहड़ों की खुदाई करेगा जिनमें लोगों ने शराब पीना छोड़ दिया है। उसने लोगों को गांव में अपने-अपने घर और नालियों को स्वच्छ करने के लिए भी प्रेरित किया। राजेंद्र सिंह ने गांववालों के लिए यह भी नियम बना दिया कि वे श्रमदान तो करें ही, साथ ही अपनी निष्ठा दिखाने के लिए अपनी आय का चौथाई हिस्सा भी इसके खर्च के लिए दें। शहरी आधारवाले एक गैर सरकारी संगठन से आगे निकलकर तरुण भारत संघ, अब तेजी से फैल रहे ग्रामीण नेटवर्कवाला एक नागरिक समाज संगठन बन गया।

सरकार की भूमिका

राजस्थान सरकार के सिंचाई विभाग ने 13 मार्च, 1987 को 1956 के निकास व्यवस्था (ड्रेनेज) कानून का हवाला देते हुए तरुण भारत संघ को एक कानूनी नोटिस भेज दिया कि जोहड़ों की खुदाई गैरकानूनी है और गांव की नालियों और नालों की सफाई सरकारी संपत्ति पर अतिक्रमण है।

सरकार ने ऐसा क्यों किया? सरकार की ओर से की गई इस कार्रवाई को समझने के लिए हमें इतिहास में लौटना होगा।

भारत में पहले के शासकों ने कई नहरें, कुएं और हौजों का निर्माण करवाया, जिसने 1757 और 1857 के बीच भारत पर शासन करनेवाली ईस्ट इंडिया कंपनी तक को प्रभावित किया था। किंतु सिंचाई के ये पुराने साधन मरम्मत के अभाव में बेकार हो गए। ईस्ट इंडिया कंपनी ने थोड़ा बहुत जीर्णोद्धार और निर्माण कार्य किया भी, लेकिन फिर सत्ता महारानी के हाथों (1857-1947) में आ गई। सिंचाई को लाभकारी लोक निर्माण कार्य के रूप में वर्गीकृत कर दिया गया। आरंभ में निजी कंपनियों को सिंचाई कार्य करने की अनुमति दी गई, क्योंकि सिंचाई कार्य में निवेश करने के लिए ब्रिटिश सरकार के पास धन नहीं था। बाद में सिंचाई व्यवस्था में सुधार होने के कारण राजस्व में भी बढ़ोतरी हुई। तत्कालीन सेक्रेटरी आफ स्टेट, चार्ल्स वुड ने 1864 में, निजी धन का निवेश समाप्त कर दिया और सिंचाई का सारा काम सरकार स्वयं करने लगी। तभी से सिंचाई को जनकार्य नहीं बल्कि सरकार का काम मानने की प्रथा शुरू हो गई।

ब्रिटिश भारत में सिंचाई कार्यों को 'बड़े निर्माण कार्यों' और 'लघु निर्माण कार्यों' में वर्गीकृत कर दिया गया। (आगरा नहर जैसे) बड़े निर्माण कार्य विशाल पैमाने के थे जिनके लिए इंग्लैंड में ऋण लेने की जरूरत पड़ती थी। लघु सिंचाई कार्यों में हौज और कुंड आते थे जिनके लिए स्थानीय सरकारें आसानी से धन उपलब्ध करा सकती थीं। सन 1919 में मांटेग्यू-चेम्सफोर्ड सुधारों ने सिंचाई को 'प्रांतीय विषय' बना दिया, अर्थात केंद्रीय सरकार के बजाय अब यह विभिन्न प्रांतों की सरकारों का अधिकार और जिम्मेदारी थी। महारानी की सत्ता के अधीन आनेवाले कुओं और हौजों जैसे सभी 'लघु निर्माण कार्यों' को 'बड़े निर्माण कार्यों' की अपेक्षा कम प्राथमिकतावाला कार्य समझा गया। और जब रेलवे बनाने का कार्य शुरू हुआ, तो इसकी तुलना में 'बड़े निर्माण कार्य' कम प्राथमिकतावाले हो गए।

किंतु उपेक्षा से भी अधिक हानिकारक बात तो यह हुई कि ब्रिटिशों ने यह मानसिकता बनाने में मदद की कि सिंचाई कार्य विशाल परियोजनाएं हैं जो गांववालों के संसाधनों की पहुंच से परे हैं और केवल सरकार ही यह कार्य कर सकती है। इस बात ने लोगों में स्वावलंबन और भारतीय गांव के लिए क्या उचित और टिकाऊ है, इस भावना को कमजोर बना दिया।

ब्रिटिश सरकार द्वारा भारत में शुरू की गई भूमि काश्तकारी प्रणालियों ने लोगों में स्वावलंबन की भावना को और भी आहत किया। उदाहरण के तौर पर जमींदारी प्रथा ने भू-स्वामियों को किसानों और सरकार के बीच 'मध्यस्थ' बना दिया। ये भू-स्वामी अपनी जमींदारी बचाने के लिए लगान वसूलने को अपने अधीन किसानों का खून चूस लेते थे। लगान में वसूली गई राशि बाद में कलेक्टर एवं अन्य सरकारी अधिकारियों को भेज दी जाती थी जिन्हें कृषि और सिंचाई में जरा भी दिलचस्पी नहीं होती थी। शोषित और भूख से बेहाल लोगों में अपनी स्थिति सुधारने की इच्छा स्वतः ही मरने लगी।

स्वतंत्रता के बाद, कृषि और सिंचाई पर भी ध्यान दिया गया। जमींदारी प्रथा समाप्त कर दी गई। दामोदर घाटी परियोजना और भाखड़ा नंगल बांध जैसी विशाल बहुद्देशीय सिंचाई परियोजनाएं शुरू की गईं। सिंचाई के लिए अलग से मंत्रालय बनाया गया। कृषि, जो राज्य का विषय था, उसका भी प्रत्येक राज्य में अलग मंत्रालय बनाया गया। फिर भी, इसी बात पर जोर दिया गया कि बड़े स्तर की परियोजनाएं सरकार के हाथ में ही रहें। बड़े-बड़े बांध, प्रचुर धन, मंत्री, और इंजीनियरों का बोलबाला था। पानी की कमी की अपनी समस्याओं से स्वयं ही निपटने के लिए आग्रह करने के अलावा गांववाले कुछ भी नहीं कर पा रहे थे। इन समस्याओं से निपटने के वर्षों

से आजमाए अपने सफल तरीकों को गांव के लोग धीरे-धीरे भूलने लगे। ग्रामीण भारत का पारंपरिक ज्ञान विलुप्त होता जा रहा था।

राजेंद्र सिंह ने लोगों को बताया कि सरकार कुछ करे इसका इंतजार करने की अपेक्षा वे स्वयं ही इस समस्या को हल करें और विदेशी प्रौद्योगिकी के लिए गिड़गिड़ाने के बजाय अपने प्राचीन ज्ञान को काम में लाएं।

यह अपनी ही तरह की एक क्रांति थी और शायद सरकार को इसी बात ने नाराज कर दिया था। अतः लोगों के लिए राजेंद्र सिंह और तरुण भारत संघ जो कुछ भी करने का प्रयास कर रहे थे इसका विरोध किया जा रहा था।

लोगों की एकजुटता

गांव के लोग बिना संघर्ष किए अपने जोहड़ों को इतनी आसानी से जाने नहीं देना चाहते थे। सिंचाई विभाग से मार्च, 1987 को मिले नोटिस को लेकर लोगों ने एकजुट होकर सरकार का सामना किया। तरुण भारत संघ की पहल पर मीडिया ने जल-संवर्धन के महत्त्व का प्रचार करने में सक्रिय भूमिका निभाई। इसका फायदा तरुण भारत संघ को भी मिला। उसे न केवल भारत के अन्य भागों, बल्कि भारत के बाहर स्थित राजनीतिक कार्यकर्ताओं और संगठनों का समर्थन भी मिलने लगा। चारों ओर से विरोध तथा मीडिया प्रचार ने सरकार को अपना आदेश वापस लेने को बाध्य कर दिया। कुछ सरकारी अधिकारियों को तो जल-संवर्धन का औचित्य भी दिखाई देने लगा।

यह गोपालपुरा के ग्रामीणों की जीत थी। उन्होंने ग्रामसभा का संगठन किया जिसमें गांव के हर घर के वयस्क इसके सदस्य बनाए गए। राजेंद्र सिंह और तरुण भारत संघ के मार्गदर्शन में, गोपालपुरा

ग्रामसभा लोकतंत्र में जनता की भागीदारी का मूर्त रूप बनकर उभरी।

जून, 1987 में, गोपालपुरा के ग्रामीणों ने 'बंजर चक' वर्गीकृत करीब 60 एकड़ भूमि में वृक्षारोपण करके मृदा क्षरण को स्वयं ही रोकने की एक परियोजना तैयार की। उन्होंने इस क्षेत्र के चारों ओर पत्थरों की एक दीवार का भी निर्माण किया ताकि मवेशी अंदर घुसकर पौधे न खा जाएं और जो इसकी सीमा का भी चिह्न हो। दो वर्षों में ही यह सारा क्षेत्र हरा-भरा हो गया।

लेकिन स्थानीय राजस्व एवं वन विभाग के अधिकारियों ने इसे सरकारी भूमि पर अतिक्रमण कहा। वन-संरक्षण अधिनियम 1988 का हवाला देते हुए राजेंद्र सिंह एवं तरुण भारत संघ के सदस्यों पर मुकदमे दायर कर दिए गए।

गांव पर भारी जुर्माना लगाया गया। दीवार गिराने के लिए नोटिस दिया गया, साथ ही पुलिस की निगरानी में सरकारी अधिकारियों ने आकर, लगाए गए वृक्षों को उखाड़ फेंका। लंबे समय तक चले इस संघर्ष में, ग्रामवासी, तरुण भारत संघ और राजेंद्र सिंह एकजुट ही रहे।

संयुक्त रूप से किए गए इस विरोध के सामने आखिरकार सरकार को झुकना ही पड़ा। सरकार ने क्षतिपूर्ति के रूप में भूमि और धन, दोनों दिए। जनता की संकल्पशक्ति की जीत हुई। यह निस्संदेह ऐतिहासिक घड़ी थी।

चमत्कार

अभी किंतु लड़ाई समाप्त नहीं हुई थी। राजेंद्र सिंह ने सरिस्का राष्ट्रीय वन्यजीव उद्यान में तथा उसके आसपास रहनेवाले लोगों में

वन-संरक्षण के महत्त्व के प्रति जागरूकता फैलाने के लिए 1988 में एक अभियान शुरू किया। उन्होंने 'जंगल, जीव और जल' का नारा दिया। फिर 1989 में, बाघों को संरक्षण देने के लिए रखी गई भूमि में खनन के विरोध में उन्होंने एक अभियान चलाया।

वन विभाग ने संगमरमर के लिए खनन करने को सरिस्का राष्ट्रीय वन्य जीव उद्यान में काफी भूमि आवंटित कर दी थी। राजेंद्र सिंह ने इसके खिलाफ सुप्रीम कोर्ट में याचिका दायर कर दी। सुप्रीम कोर्ट ने खुदाई के लिए दिए गए पट्टों की जांच करने हेतु एक आयोग गठित किया। सुप्रीम कोर्ट ने 1991 में आदेश जारी करके सभी 470 प्लाटों में खुदाई करना निषिद्ध करार दिया।

इसके तुंरत बाद, एक खदान मालिक ने राजेंद्र सिंह पर प्राणघातक हमला कर दिया। राजेंद्र सिंह 26 नवंबर 1992 को रक्षकदल के साथ उपायुक्त की कार में यात्रा कर रहे थे। कार को चकनाचूर कर दिया गया। राजेंद्र सिंह को गरदन और कंधों पर गंभीर चोटें आईं। किंतु उन्होंने हार नहीं मानी और संघर्ष जारी रखा। अंततः विजय उन्हीं की हुई। सुप्रीम कोर्ट ने 1996 में फैसला दिया कि पूरी अरावली पर्वत श्रृंखला में ही नहीं, बल्कि पूरे देश के वन्य जीव उद्यानों में किसी भी प्रकार की खुदाई नहीं की जाए।

तरुण भारत संघ का संदेश प्रचारित हो गया। उसने अरावली पर्वत श्रृंखला को बचाने के लिए 1993 में एक अभियान चलाया। इसमें गुजरात और राजस्थान के लोग भी शामिल हुए। 1994 के आरंभ में, सुदूरवर्ती गांव हमीरपुर ने सक्रिय ग्रामसभा गठित की और गोचर (चरागाह) भूमि के संरक्षण के लिए एक अभियान चलाया। इतना ही नहीं, नब्बे के दशक के मध्य में जयपुर के निकट निम्बी गांव के लोगों ने तरुण भारत संघ से मार्गदर्शन मांगा। अरावली पर्वत श्रृंखला में एक दरार-सी थी जिसके कारण रेतीली आंधियों से गांव

को बचाने के लिए कोई ओट नहीं थी। गांव का 200 वर्ष पुराना कुंड मरम्मत के अभाव में बुरी स्थिति में था। राजेंद्र सिंह और तरुण भारत संघ के बताए तरीकों से जल-संवर्धन प्रणाली द्वारा इसे नवजीवन मिला। सफलता की इन कहानियों से प्रेरित होकर अन्य गांवों ने भी जल-संवर्धन करना शुरू कर दिया।

राजेंद्र सिंह की उपलब्धियों में सबसे चमत्कारी कारनामा था, 40 वर्ष बाद अरावरी में पुनर्जीवन का संचार। इसके अलावा, चार अन्य नदियों—रूपारेल, सरसा, जहाजवाली और भगनी—को भी जीवनदान मिला।

अरावरी नदी अलवर जिले के थानागाजी प्रखंड में हमीरपुर से निकलकर कुछ अन्य जलधाराओं से मिलकर सैंथल सागर कुंड में समा जाती है। यह कुंड पूरी तरह सूख गया था। हमीरपुर गांव के लोगों ने पहले वर्षा जल का बहाव किस ओर था इसका ध्यानपूर्वक निरीक्षण करके जोहड़ निर्माण के लिए एक स्थान चुनकर वहां खुदाई शुरू कर दी। एक वर्ष के अंदर ही सूखी पड़ी नदी में फिर से जल बहने लगा। न तो गांववालों को और न ही तरुण भारत संघ के कार्यकर्ताओं को आशा थी कि उनके प्रयासों का इतना चमत्कारी फल मिलेगा।

इस चमत्कार की खबर चारों ओर फैल गई और नदी के आसपास बसे गांव भी इस कार्य में शामिल हो गए। किसी सूखी नदी में जल आ जाने का अर्थ था जल में रहनेवाले कई प्राणियों, विशेषकर मछली को जीवनदान मिलना।

लेकिन जब मछलियों की बात आई, तो सरकार हरकत में आ गई।

राजस्थान सरकार के मत्स्य विभाग ने 21 नवंबर, 1996 को एक ऐसे बाहरी व्यक्ति को मछली पकड़ने का ठेका दे दिया जिसे केवल अपने लाभ से मतलब था, इस क्षेत्र अथवा नदी से नहीं।

इससे गांवों में रोष की लहर फैल गई। किसी बाहरी व्यक्ति या सरकार का मछलियों पर क्या अधिकार था जो इस क्षेत्र की पारिस्थितिकी और जैव-विविधता का हिस्सा थीं और लोगों द्वारा अरावरी नदी को पुनर्जीवित करने के कारण ही इन्हें फिर से पाया गया था? वे किसी बाहरी व्यक्ति को कभी यहां मछली पकड़ने नहीं देंगे। उन्होंने एक शांतिपूर्ण आंदोलन शुरू कर दिया। सरकार ने तरुण भारत संघ को धमकाने की कोशिश की।

उसने 2 दिसंबर, 1996 को, तरुण भारत संघ को एक धमकी भरा नोटिस भेजा। तरुण भारत संघ ने इस बात का व्यापक रूप से प्रचार कर दिया। हमीरपुर के लोगों ने घोषित कर दिया कि वे सरकार के विरोध में सत्याग्रह करेंगे। मार्च, 1997 के अंत तक सरकार को झुकना पड़ा और मछली पकड़ने का ठेका निरस्त करना पड़ा।

हमीरपुर में 11 अप्रैल, 1997 को इस जीत का जश्न मनाया गया जिसमें न केवल स्थानीय लोग, बल्कि अन्य स्थानों के कार्यकर्ता और पर्यावरण से जुड़े लोग भी शामिल हुए।

इसके अगले वर्ष अरावरी क्षेत्र के लोगों ने क्षेत्र के सभी गांवों के प्रतिनिधियों को लेकर एक संसद का गठन किया। उन्होंने जल के उपयोग के लिए कुछ नियम बनाए। उदाहरण के तौर पर, वे गन्ने अथवा धान की फसल नहीं उगाएंगे, क्योंकि इनमें अधिक पानी की जरूरत होती है। गरमी के दिनों में वे सीधे नदी से ही पानी लेंगे। एक ग्राम कोष बनाया जाएगा जिसमें हर परिवार योगदान करेगा।

राजेंद्र सिंह और तरुण भारत संघ सदा इस बात पर बल देते थे कि गांव के लोग स्वयं को संगठित करें और शारीरिक एवं वित्तीय योगदान करते रहें। बाहरी सहायता के बजाय स्वयं सहायता करना जल-संवर्धन का प्रमुख स्रोत है। साथ ही बड़ी-बड़ी डिग्रियोंवाले

इंजीनियरों से निर्माण करवाने के बजाय पारंपरिक विशेषज्ञता वाले स्थानीय गजधरों (निर्माताओं) के मार्गदर्शन में ही निर्माण करवाए जाएं।

नई शताब्दी का आरंभ होने तक तो समाचारपत्रों-पत्रिकाओं में प्रकाशित समाचारों ने राजेंद्र सिंह की उपलब्धियों की ओर जनता का व्यापक रूप से ध्यान आकर्षित किया। सरकारी विभागों और एजेंसियों ने भी समझ लिया कि तरुण भारत संघ को सहयोग देने में ही भलाई है।

पहचान

भनोटा-कोलियाला गांव को मार्च, 2000 में विज्ञान एवं पर्यावरण केंद्र की ओर से पर्यावरण संरक्षण के लिए जोसेफ सी. जान पुरस्कार दिया गया। यह गांव गोपालपुरा के पास, अरावली पर्वत श्रृंखला के बीच और सरिस्का की सीमा पर स्थित था। यह एक सूखा और अनावृष्टिग्रस्त क्षेत्र था। मार्च, 1987 में यहां ग्रामसभा का गठन किया गया। इसने आरंभ से ही जल-संवर्धन में सक्रिय भूमिका निभाई। तालाबों की गाद निकालने और जोहड़ों का निर्माण करने से गांव में पानी ठहरने लगा। संपूर्ण क्षेत्र फिर से हराभरा, उपजाऊ और समृद्ध हो गया। इस गांव ने अरावरी नदी के पुनरुद्धार में सर्वाधिक योगदान दिया था और इसी कारण विज्ञान एवं पर्यावरण केंद्र ने इसे पुरस्कृत किया था।

भनोटा-कोलियाला के लोगों के प्रयासों का और भी सम्मान करते हुए, भारत के तत्कालीन राष्ट्रपति के. आर. नारायणन ने एक निराला ही कदम उठाया। (गांववालों को दिल्ली बुलाकर पुरस्कार देने के बजाय) उन्होंने स्वयं गांव जाकर यह पुरस्कार उन्हें प्रदान किया।

राजेंद्र सिंह को 1 सितंबर, 2001 को मनीला में, फिलीपीन की राष्ट्राध्यक्ष, ग्लोरिया मेकापगल आरोयो ने, जल-संवर्धन में अत्यधिक सफलता प्राप्त करने में सामुदायिक नेतृत्व के लिए प्रतिष्ठित रेमन मेगसायसाय पुरस्कार से सम्मानित किया। उसी वर्ष राजेंद्र सिंह को 'मैन आफ द इयर' भी चुना गया।

तरुण भारत संघ ने इसे "स्वावलंबन और प्रयत्न करते रहने की भावना को मिला पुरस्कार" कहा। गांव के लोग बहुत प्रसन्न थे। प्रमुख सामाजिक कार्यकर्ताओं ने राजेंद्र सिंह को बधाई दी, जिन्हें अब लोग 'भारत का पानीवाला और मसीहा' कहने लगे थे।

किंतु उनकी यह सफलता कुछ लोगों को अच्छी नहीं लग रही थी। एक स्थानीय पर्यावरण समूह द्वारा अलीगढ़ मुस्लिम यूनिवर्सिटी में 10 जून, 2002 को आयोजित एक बैठक में अलीगढ़ जिला परिषद के अध्यक्ष ने राजेंद्र सिंह पर आक्रमण कर दिया। राजेंद्र सिंह बेहोश हो गए। उन्हें सिर पर गंभीर चोटें आई थीं। उन्हें दिल्ली के अखिल भारतीय आयुर्वेदिक चिकित्सा विज्ञान संस्थान में ले जाया गया।

राजेंद्र सिंह इस हमले को भी झेल गए और जल्दी ही स्वस्थ हो गए। अरावली पर्वतों को फिर से हरा-भरा एवं जल-संवर्धन को जन-आंदोलन बनाने के प्रयासों में उन्होंने जरा भी कमी नहीं आने दी।

उन्होंने राजस्थान के पाली जिले के माताजी का गुड़ा गांव के लोगों को ये सलाह दी कि वे जाकर राजीव गांधी फाउंडेशन के स्वयंसेवकों (द ग्रीन कोर) से सलाह मांगें। उनकी सहायता से कंक्रीट का एक ढांचा तैयार किया गया जिसमें वर्षों के सूखे के बाद, 2003 में हुई वर्षा का जलसंग्रहित किया जा सका।

राजेंद्र सिंह ने 2002 में राष्ट्रीय जल-चेतना यात्रा का आयोजन किया, जो गांव-गांव जाकर 'जल-साक्षरता आंदोलन' शुरू करती थी। स्कूल के बच्चों और कालेज के छात्र-छात्राओं को इसमें शामिल

किया गया ताकि पानी का अनुशासनात्मक उपयोग और जल-संरक्षण सुनिश्चित किया जा सके।

इस यात्रा से तरुण जल विद्यापीठ (जल विश्वविद्यालय) के विचार ने जन्म लिया। यह अपनी ही तरह का प्रथम विश्वविद्यालय बननेवाला था। इसमें युवाओं को जल-संरक्षण, वर्षाजल-संवर्धन और जल-प्रबंधन में स्थानीय समुदायों को शामिल करने के तरीके सिखाने का प्रशिक्षण दिया जानेवाला था। राजस्थान के अलवर जिले में तरुण भारत संघ के मुख्यालय भीकमपुरा में यह अनोखा विश्वविद्यालय स्थापित किया जानेवाला था। इसके लिए स्वीडिश इंटरनेशनल डिवेल्पमेंट एजेंसी ने धनराशि दी थी।

अब राजेंद्र सिंह विभिन्न विश्वविद्यालयों में जाकर जल-संवर्धन एवं पर्यावरण पर भाषण दे रहे हैं और जल-प्रबंधन पर कार्यशालाएं भी आयोजित कर रहे हैं। वह बातों में नहीं, कार्य करने में विश्वास करते हैं। उनका बातें करने का भी अलग ही तरीका है और वह ओजस्वी वक्ता भी हैं।

इतने वर्षों तक जयपुर और अरावली आते-जाते रहने से राजेंद्र सिंह और मीना ने अपना एक विशेष तरीके का पारिवारिक जीवन बना लिया है। अब मीना कार्यक्रम बनाने, यात्रा करने, पत्र-व्यवहार, लेखाजोखा रखने आदि में जयपुर से ही तरुण भारत संघ को सहयोग देती रहती हैं। राजेंद्र सिंह के पिता को अपने पुत्र की उपलब्धि पर बहुत गर्व है और वह काफी प्रसन्न हैं।

प्रिंस आफ वेल्स, चार्ल्स, नवंबर 2003 में भारत यात्रा के दौरान भनोता-कोलियाला गांव भी गए थे। इस गांव और अरावरी नदी के बहाव के ऊपरी ओर बसे गांवों के लोग, नदी के पुनरुद्धार के बाद बनाए गए भैरवदेव लोक वन्य जीव अभयारण्य के प्रवेश द्वार पर प्रिंस के स्वागत के लिए जमा थे।

भनोटा-कोलियाला गांव में राजेंद्र सिंह से मिलने पर, प्रिंस चार्ल्स ने उनकी प्रशंसा करते हुए कहा कि मैंने आपके बारे में काफी कुछ पढ़ा है। राजेंद्र सिंह ने प्रिंस को पूरा गांव दिखाया। उन्होंने प्रिंस से कहा, "ये (गांववासी) जल योद्धा हैं। अपने बनाए बांधों को बचाए रखने के लिए, नदी में मछलियों आदि जैसे संसाधनों का कोई दोहन न करने पाए यह सुनिश्चित करने के लिए इन्होंने काफी संघर्ष किया है। नदी के किनारे बसे 72 गांवों में कौन सी फसल उगाई जाए, ये भी यही लोग निश्चित करते हैं।"

इस विषय पर डाक्यूमेंटरी फिल्म 'रिवर रिबार्न' बनानेवाले दीपक महान ने अपने प्रयासों की जानकारी प्रिंस को देने में राजेंद्र सिंह की सहायता की। "राजेंद्र सिंह कमाल के व्यक्ति हैं," प्रिंस चार्ल्स ने कहा और अपने गले से स्वागत में पहनाए गए कुछ पुष्प हार उतारकर राजेंद्र सिंह को पहना दिए।

राजेंद्र सिंह में ऐसी आश्चर्यजनक क्या बात थी? ऐसा क्या था जिसने उन्हें ऐसा नेता बना दिया कि उन्हें मेगसायसाय पुरस्कार से सम्मानित किया गया?

केवल यही बात नहीं थी कि उन्होंने एक अत्यंत सूखे क्षेत्र में जल-आपूर्ति स्रोतों को फिर से जीवनदान दिया, बल्कि यह भी महत्त्वपूर्ण था कि उन्होंने लोगों में स्वावलंबन की भावना और प्राचीनकाल के लुप्त होते जा रहे ज्ञान को भी पुनर्जीवित किया। उन्होंने ग्रामीण समाज की सामूहिक चेतना को जागृत किया। उन्होंने ग्रामवासियों को स्वयं को शासित करने में लोकतांत्रिक तरीके से भागीदार बनने की राह दिखाई।

इससे भी अधिक, उन्होंने इस तथ्य को स्वीकार किया कि अगर गांववालों की सहायता करनी है, तो उन्हीं लोगों से स्वयं बहुत कुछ सीखना होगा। उन्होंने गांव के बड़े-बूढ़ों का मार्गदर्शन स्वीकार किया

और उन्होंने जो स्थान बताया वहीं खुदाई की। उन्होंने पुरातनकाल की इस भूमि के कभी न समाप्त होनेवाले संसाधनों में गहरी खुदाई की और अपने बाद अन्य लोगों से भी यही करवाया। यही कारण है कि वह हमारे नेता हैं। वह एक नेता होते हुए भी हम ही लोगों में से एक हैं, वह गांववालों के 'जोहड़वाले बाबा', 'पानीवाले बाबा' और 'भाई साहब' हैं।

उनका मन अब भी बेचैन है और उनमें अब भी वही आदर्श और ऊर्जा संचारित है जो 2 अक्टूबर, 1985 को थी।